Lettre ouverte aux âmes sensibles qui veulent le rester

Direction de la publication : Isabelle Jeuge-Maynart et Ghislaine Stora
Direction éditoriale : Élodie Bourdon
Édition : Mélissa Lagrange
Conception de la couverture : Marion Alfano
Conception de la maquette intérieure et mise en pages : Nord Compo
Préparation de copie : Isabelle Chave
Relecture : Julie Mège
Fabrication : Ombeline Canaud

ISBN : 978-2-03-597657-4

Saverio Tomasella

Lettre ouverte aux âmes sensibles qui veulent le rester

L'hypersensibilité est l'avenir du monde !

LAROUSSE

You may say I'm a dreamer
But I'm not the only one
I hope someday you'll join us
And the world will live as one.

John LENNON, « Imagine »

Je dédie ce livre à celles et ceux qui,
comme moi, croient à la puissance de leur sensibilité
comme force pour transformer le monde.

Sommaire

Prologue

La sensibilité est l'avenir du monde

« Il n'y a pas de vision neutre sur le monde. Toute vision est biaisée. Il est nécessaire de connaître ces biais et de proposer des convictions fondées sur une analyse cohérente du réel. »
Aurélien Barrau

Mon désir est très simple. Depuis plus d'une quinzaine d'années, je m'engage autant que possible pour revaloriser la sensibilité humaine dans un monde qui parfois l'écoute, quelquefois la respecte, mais encore trop souvent la moque, la néglige, l'évite ou la nie. Le moment est venu pour moi d'énoncer une parole encore plus claire en faveur de la sensibilité et, plus particulièrement, de ce qu'on appelle la « haute sensibilité » ou « sensibilité élevée ».

Le but de ce livre est donc de donner à toutes celles et ceux qui ne veulent pas se soumettre à l'ordre dominant de la technique, de la gestion et de la froideur, la possibilité d'affirmer avec fierté leur subjectivité sensible, en montrant qu'il est possible d'imaginer le monde à venir avec le cœur plutôt qu'avec la seule raison ou – pire – à partir d'idéologies que nous savons dévastatrices pour la planète et pour l'humain.

Dans une vidéo intitulée « Crise actuelle et monde à venir », l'astrophysicien Aurélien Barrau pose les jalons d'une réflexion rigoureuse[1]. Les repères qu'il propose sont valables pour toute forme de recherche digne de ce nom :

- le monde est construit, il peut donc être déconstruit ;
- les croyances et les conventions ne sont pas des réalités ;
- la plupart des auteurs observent la réalité à partir d'un prisme unique et restrictif.

Ainsi, nous pouvons déconstruire les conceptions que nous avons de la sensibilité. Nous pouvons nous libérer de nos croyances erronées ou limitantes. Nous

1. Vidéo postée le 7 avril 2020 sur YouTube.

pouvons chercher à partir de critères de réflexion ouverts et multiples. Restent néanmoins quelques risques à éviter. Parmi eux, certains sont particulièrement défavorables car ils enferment la sensibilité dans un brouhaha de déclarations péremptoires, préjugés, croyances et intérêts personnels qui font perdre de vue l'essentiel.

- Le premier risque majeur est de croire qu'il est possible de « gérer » sa sensibilité et qu'il faudrait que les sensibles s'adaptent encore plus aux demandes d'une société virtuelle et machiniste, d'où seraient exclus les contacts entre humains.
- Le deuxième risque est de séparer sensibilité et intelligence, comme le font certains philosophes qui opposent encore systématiquement passion et raison.
- Le troisième risque est de demander aux psys et aux coaches d'apprendre aux personnes sensibles à faire disparaître un par un les signes de leur sensibilité élevée, comme pour traiter les « symptômes » d'une maladie sociale.

La question de la sensibilité est globale, elle appelle une réponse globale, systémique, au niveau de la culture et de la société tout entière, même si le changement passe d'abord par chacune et chacun de nous, individuellement puis en petits groupes.

Il reste encore un autre risque : celui de théoriser sur la sensibilité élevée, ce qui brouillerait les pistes et n'aiderait personne. « Nous ne pouvons enseigner que ce que nous avons nous-même appris. Les maîtres à penser les plus dangereux sont ceux qui ne font pas le travail eux-mêmes, qui en restent à la théorie dans leur propre vie » affirme avec courage la sociologue américaine Brené Brown. Pour elle, l'existence est avant tout faite de multiples occasions pour tâtonner, explorer et apprendre. Nous pouvons être des chercheurs dans notre propre vie, pour peu que nous acceptions de nous confronter à nos imperfections[2].

L'idée de la *force* des personnes très sensibles fait son chemin en langue francophone depuis le premier article publié sur ce thème par Pascale Senk, il y a dix ans[3]. Concrètement, cette promesse de « faire de sa sensibilité une force » n'est pas facile à réaliser, ou même à envisager, pour de très nombreuses personnes qui souffrent de ne pas pouvoir bien vivre leur sensibilité au quotidien.

En fait, les personnes sensibles, voire ultrasensibles, n'ont pas besoin de devenir plus fortes : elles le sont déjà ! Elles ont besoin de croire en elles, de découvrir

---

2. *Happinez*, n° 48, mars 2020, p. 30-32.
3. Pascale Senk, « La force des hypersensibles », *Le Figaro*, 18 avril 2010.

les multiples facettes de leur puissance sauvage et d'oser l'utiliser.

Alors que je suis plongé depuis quelques semaines dans la rédaction de cet ouvrage, un groupe de grands sensibles sur Facebook vient de se rebaptiser « La puissance des hypersensibles », qui est exactement le titre que nous avions choisi pour ce livre. Preuve que cette idée est juste et qu'elle est dans l'air du temps !

À travers les enquêtes et les témoignages, je constate que vous, individus sensibles, vous ne supportez plus toutes les restrictions qui vous sont imposées pour brider ou étouffer votre sensibilité, « gérer » vos émotions, faire taire vos intuitions, vous plier aux codes et aux valeurs qui ne sont pas les vôtres, entrer dans le rang, etc. Vous ne voulez plus vous soumettre et vous adapter : vous avez raison ! Les premiers signes de la révolution sensible sont de plus en plus évidents. Elle est en marche. Rien ne pourra l'arrêter. Oui, humains sensibles, nous existons, nous avons un pouvoir d'action ! Nous demandons que nos spécificités, nos différences, nos aspirations et nos intelligences particulières soient respectées. Notre équilibre, notre santé, notre épanouissement, notre avenir, personnels et communs, en dépendent. Plus encore, rappelons-le sans rien céder : *la sensibilité est l'avenir du monde.*

Partie 1

Un monde sans pitié

« Lorsqu'elle est perçue comme une machine,
la nature devient un objet à exploiter. C'est à cela
que nous ont conduits la société de consommation,
l'industrialisation et notre ethnocentrisme,
ainsi que la tendance occidentale à mettre l'intelligence
au-dessus de tout, à faire de nous les maîtres du monde.
C'est une erreur centrale qui nous conduit à notre perte,
matérielle mais aussi spirituelle et psychologique. »

Satish Kumar, *Pour une écologie spirituelle*

La première raison pour laquelle je vous écris cette lettre est de vous encourager à vous débarrasser des idées reçues et des préjugés qui vous empêchent d'aimer votre sensibilité telle qu'elle est, de mieux la connaître, de la développer et de l'affirmer. Ces stéréotypes sont très nombreux et ils nous collent à la peau. Parmi eux, j'y reviendrai, le plus tenace peut-être consiste à vouloir nous persuader que la sensibilité est un signe de faiblesse. Dans la pratique, cela fait des décennies que je constate répétitivement le contraire.

En réalité, l'ultrasensibilité est synonyme de puissance, puisqu'elle est une qualité fondamentalement humaine qui permet de s'approprier le monde autrement, à travers des valeurs plus empathiques. Plus attentifs et plus engagés, les grands sensibles sont en résonance avec le monde et c'est bien de cela que nous avons plus que jamais besoin.

Cette erreur de jugement qui confond volontairement sensibilité avec faiblesse, pour mieux discréditer les personnes sensibles, est responsable de la *construction d'un monde impitoyable* favorisant la cruauté, la domination, le mépris, autant que le cynisme et le déni, qui engendrent d'innombrables souffrances au quotidien.

1. En finir avec l'ère du cynisme et du déni

« Le monde brise les individus, et chez beaucoup, il se forme une callosité au niveau de la fracture. »
Ernest HEMINGWAY, *L'Adieu aux armes*

Le monde nous brise dès l'enfance. Il nous rend durs et insensibles. Puis, on nous fait croire que cette dureté est une forme de caractère, de bravoure ou, pire encore, qu'elle correspond à l'âge adulte. Ce faisant, l'éducation nous pousse à nier ce que nous ressentons, ce que nous percevons. Nous nous coupons progressivement de notre sensibilité, donc de nos forces profondes et de notre vitalité. Certains plus que d'autres, car il arrive – comme pour Antoine de Saint-Exupéry – que le monde des adultes nous révolte ou nous répugne, et que nous préférions rester sensibles et vivants comme des enfants.

« À l'âge de raison, j'ai découvert que le père Noël n'existait pas. J'ai compris que les adultes étaient des menteurs et que je n'aimais pas le mensonge. Je voulais que mon monde intérieur soit vrai », explique Bella.

Cette femme libre, mère d'un enfant considéré comme « handicapé », dénonce la normalisation du mensonge chez les adultes et l'hypocrisie d'une société menteuse qui favorise la violence, la pornographie, la perversion. Elle appelle cela la « prostitution ordinaire ». Ce constat lucide, un brin désabusé, ne l'empêche pas de vivre selon ses vœux :

« *En grandissant d'un demi-siècle, me considérant une discrète survivante du handicap de la vérité, je me suis exposée au monde en guerrière maternelle pour défendre le bien-être et les vulnérabilités de mes enfants. Je m'occupe de ma famille comme d'une florissante entreprise. Avec mes amis, je partage des liens d'amour et d'honnêteté. Ce sont mes étoiles.* »

Un des risques de l'honnêteté sincère, donc sans calcul, est de souffrir plus. Bella ne se considère pas comme une « hypersensible », mais comme un être sensible qui souffre plus parce qu'elle ne ment pas et se livre entièrement :

« *Dans mes relations amoureuses, je me suis donnée corps et âme. En toute innocence, j'ai rencontré le pingre des villes se faisant passer pour un amoureux de la nature. Puis, heureusement, j'ai fait un bon chemin avec un vrai grand sensible, plein d'humanité et d'intelligence, que le monde sans pitié a emporté tragiquement… Là, particulièrement vulnérable, le sadique n'a fait qu'une bouchée de moi avec son costard de faux gentil… Quelle imprudence ! Je savais pourtant que les adultes étaient des menteurs… Pourquoi demander la lune quand on a les étoiles !* »

Bella éclate d'un joli rire empreint de douceur en évoquant un vieux film qu'elle adore, *Now Voyager* avec Bette Davis[1]. Ce drame illustre l'insatisfaction foncière nous poussant à aller sans cesse de l'avant, nous faisant parfois oublier ce qui est bon dans nos vies, comme l'exprime si bien la réplique culte du film : « Oh, Jerry, ne demandons pas la lune ; nous avons les étoiles », devenue une sorte de devise existentielle pour une femme qui s'affirme afin d'aimer en suivant son propre désir.

La première grande force des âmes sensibles est *d'accepter leur vulnérabilité* et de ne pas chercher à la cacher, contrairement à ce que font tant de personnes qui y consacrent la plus grande partie de leur temps et de leur énergie.

---

1. Film dramatique américain (1942), réalisé par Irving Rapper, à partir du roman éponyme d'Olive Higgins Prouty (1941).

Le règne des faux-semblants

Alors que j'étais malade du coronavirus depuis plus de deux mois, une amie journaliste m'a écrit pour prendre de mes nouvelles. Je lui ai répondu très sincèrement. N'ayant pas de nouvelle en retour, ce qui ne lui arrive presque jamais, j'ai craint de l'avoir envahie en étant trop personnel. Je lui ai écrit de nouveau quelques mots pour la prier de m'en excuser. Sa réponse inspirée m'a permis de comprendre que les enjeux de la sensibilité authentique sont avant tout relationnels et sociaux :

« Ce que vous appelez un message trop personnel est un message authentique qui a résonné en moi et m'a fait du bien. C'est cela pour moi la communication authentique. Elle part de soi pour toucher l'autre dans son histoire, dans son for intérieur. C'est le contraire de l'impudeur et de l'égocentrisme qui fleurissent si abondamment dans notre société, et qui sont, évidemment, pratiqués par des hommes et des femmes qui n'ont ni vraie sensibilité ni vraie empathie. »

Vous le savez aussi bien que moi, dans nos existences et nos relations sociales, l'authenticité est rarissime. À tel point que ce sont plutôt les conventions qui priment et nous écrasent de tout leur poids. Ivan l'observe dans son cheminement :

« On nous demande sans arrêt de travailler sur nous, de faire des efforts, de lisser nos particularités, mais on ne sera jamais accepté, en fait, si on ne se soumet pas aux codes sociaux. Par exemple, à Lyon, où j'ai vécu et travaillé pendant longtemps, il existe un code vestimentaire très strict qui dicte aux uns et aux autres comment s'habiller. Si on ne respecte pas ce code, on est mal vu, on est même refoulé. À plus forte raison pour moi, qui suis styliste, j'ai remarqué que les codes sociaux et les personnes qui les appliquent sont sans pitié. Tant qu'on ne s'y conforme pas, tant qu'on ne se soumet pas, on est rejeté, on ne peut pas percer. Pourtant j'ai un métier de créateur, j'ai un besoin vital d'innover, de proposer du nouveau. Cet immobilisme cruel est vraiment désespérant… »

Au chômage depuis longtemps et peinant à trouver un travail intéressant, qui prenne en considération ses qualifications réelles, Victoire confirme la dictature invisible de ces règles sociales impitoyables, découlant de l'idéologie du chacun pour soi écrasant l'autre pour mieux se hisser au-dessus de lui :

« Lors de mon précédent emploi, j'ai travaillé quelques mois dans l'hôtellerie pour la saison d'été. En début de saison, la directrice a réuni tout le personnel pour une réunion d'information. Lors de cette réunion où elle nous exposait toutes les règles, elle nous a précisé

ouvertement et sans scrupule qu'elle n'avait aucun problème pour frustrer ou vexer les employés. Ce sont ses mots… Nous étions donc prévenus et savions à quoi nous en tenir. Durant toute la saison, elle ne s'en est pas privée, au contraire. Elle a toujours montré que c'était elle qui commandait et elle le faisait sans aucun état d'âme. »

Les conséquences de ces attitudes non seulement insensibles mais irrespectueuses de la sensibilité sont innombrables : au manque d'humanité, de collaboration, d'ouverture d'esprit, on peut adjoindre l'impossibilité d'exprimer sa créativité et son originalité, la difficulté d'être soi-même et de se sentir libre, donc le mal-être durable et profond qui en résulte inévitablement. Ce monde qui nous brise est une civilisation du mépris, une société du gâchis qui piétine quotidiennement les somptueux trésors de nos sensibilités bafouées[2].

Je rappelle, pour l'avoir entendu d'innombrables fois et connu personnellement, que le système productiviste qui est le nôtre pousse à l'épuisement, provoque le burn-out et l'entretient en exigeant toujours plus d'implication, de présence, de productivité. Même

2. Voir Saverio Tomasella, *Se libérer du complexe de Cendrillon*, Eyrolles, 2020.

lorsque vous affirmez clairement que vous êtes épuisé, on continue à vous en demander autant, si ce n'est plus encore !

Pourtant, nous sommes sensibles et sensés !

Ce monde sans pitié nous traite, nous, âmes sensibles, de petites natures, de mauviettes, de douillets, de chochottes, de faibles et de Bisounours. Pourquoi ? Parce que nous ne sommes pas seulement sensibles, *nous sommes aussi sensés* : nous prenons le temps de réfléchir, nous avons des valeurs et même des idéaux humanistes, nous avons un sens développé de la justice, nous défendons l'importance des relations et de leurs qualités, nous veillons à offrir à nos enfants un avenir digne de ce nom. Je reviendrai plus tard sur le fait d'être utopiste et d'avoir des projets d'amélioration de la vie en commun. Pour l'instant, observons comment la société du spectacle nous conditionne à accepter la violence sans broncher, comme une fatalité, c'est-à-dire comme si elle était inévitable.

De même que toutes les personnes ultrasensibles que j'ai entendues, sans exception, Émilie n'apprécie pas la brutalité, la domination et la violence :

« Les images de guerre, de souffrance, de dévastation de la nature, provoquent chez moi toujours la même

incompréhension, la même sidération. J'évite le plus possible de regarder les informations télévisées, je préfère la radio. C'est ma manière de mettre un filtre sur ce monde sans pitié, histoire de me protéger un peu. J'écoute essentiellement "La France bouge" présentée par Raphaëlle Duchemin, au moment de ma pause déjeuner. Elle laisse la parole à des personnes qui ont des initiatives positives et novatrices. Je suis d'ailleurs souvent émue de voir à quel point il peut y avoir de belles initiatives dans notre pays. Cela me donne plus de force pour affronter le monde dans lequel nous vivons. Oui, pour moi, c'est important de rester positif, sinon on n'avance pas… »

De même pour Dalia, certains films sont trop violents. Elle est d'ailleurs étonnée de constater à quel point d'autres personnes de son âge peuvent s'être insensibilisées :

« Pour moi, la société dans laquelle nous vivons est cruelle et sans pitié. Par exemple, le fait que je n'aie pas envie de voir certains films parce que je les trouve durs n'est pas facilement compris par les autres. En classe de terminale, en cours d'anglais, on parlait des films qu'on aimait bien regarder. Une de mes camarades disait qu'elle aimait bien les films d'horreur parce qu'il y avait du suspense et que ça lui donnait des frissons. Moi j'avais dit qu'au contraire je trouvais que la vie était tellement difficile comme ça, déjà,

qu'elle comportait tellement de situations douloureuses, horribles, désagréables, révoltantes, injustes, que cela me semblait triste d'en rajouter encore d'autres, qu'on imagine, comme celles qui sont dans les films. Les films d'horreur d'ailleurs n'ont même pas pour but de dénoncer des horreurs réelles, donc de susciter l'engagement du spectateur, sa révolte, c'est de l'horreur gratuite. En revanche, si on pense aux films qui veulent dénoncer des horreurs réelles, je dirais que j'ai aussi du mal à les visionner. Ils me plongent dans une grande détresse et un profond désespoir. »

Aujourd'hui professeure agrégée de français, Dalia propose une nouvelle façon d'alerter sur les difficultés de vie et les problématiques sociales.

« *Pour les sensibles*[3], *le plus efficace pour produire l'engagement n'est pas d'aller jusqu'à plonger le spectateur dans l'horreur, mais plutôt d'expliquer la situation et surtout de mettre l'accent sur la façon d'agir face à cette situation regrettable, en montrant des solutions, en présentant des associations qui existent, des pétitions à signer… En fait, si les sensibles ne veulent pas regarder des films qui montrent des horreurs, ce n'est pas pour éviter l'engagement !* »

3. Je constate que des personnes de plus en plus nombreuses emploient « les sensibles » au lieu de « les hypersensibles » pour désigner les individus particulièrement sensibles.

On peut même se demander si ce ne serait pas plus adapté pour tout le monde, et non seulement pour les sensibles, que les promoteurs d'une cause la défendent sans passer par l'horreur. Certains sont tellement habitués à l'horreur que cela ne leur fait plus rien. Cela peut même devenir une drogue et, du coup, afficher la violence fait passer complètement à côté de la mission première, qui est de désigner le réel pour le dénoncer.

Le système scolaire impose également ce moule de la productivité et de l'obéissance, de l'acceptation aveugle de la violence, sans que nous puissions le dénoncer, par peur que nos enfants ne puissent faire de bonnes études, avoir des diplômes reconnus et trouver un emploi intéressant. Aurélie est la mère attentive de deux jeunes filles. Son témoignage est très éclairant. Il correspond à tant d'autres que j'ai pu recueillir depuis plus de vingt ans.

« *Je vous remercie de vous impliquer toujours avec autant de ferveur et de nous donner envie de le faire à notre tour. Seulement, comment faire ? Ce n'est pas facile de trouver le biais par lequel faire évoluer les consciences et encore moins d'avoir le cran d'agir, car cela demande de s'exposer énormément au dénigrement des autres. Comme pour tout hypersensible, il n'est pas facile pour moi de trouver les mots justes pour exprimer ma pensée et de m'exposer à la critique.*

Au cours de cette année scolaire difficile, j'ai eu envie d'offrir vos livres, d'abord à la proviseure du lycée, puis aux différents médecins que ma fille a pu consulter tout au long de cette année. J'ai bien essayé de leur parler d'hypersensibilité, mais je n'ai perçu qu'un regard vide, essayant vainement de comprendre de quoi je leur parlais. Pour eux, on a peut-être le droit d'être hypersensible, mais il faut tout de même se fondre dans le moule, on n'a pas le choix. »

Âmes sensibles de tous les pays, unissons-nous ! De même que les femmes, les Noirs ou les homosexuels n'ont pas pu changer le monde individuellement et se sont réunis pour le faire, il est vain de rester dans son coin seul(e) en récriminant. Nous devons nous unir pour penser, prévoir et agir ensemble. Là réside notre première puissance transformatrice…

2. Refuser l'impuissance

« L'homme insensible et froid en vain s'attache à peindre ces sentiments du cœur que l'esprit ne peut feindre. »
André CHÉNIER, *Épitres.*

Les ultrasensibles sont fréquemment considérés comme agaçants, excentriques, ou même « hystériques » parce qu'ils ne correspondent pas à la norme ambiante, qui est encore celle de l'homme insensible et froid, celui qui sait se dominer parce qu'il est aussi fort que raisonnable. Cette norme virile qui nous impose de « gérer » nos émotions, plutôt que de les vivre, brime notre sensibilité en cherchant insidieusement à nous faire taire.

L'impasse virile

Je suis heureux d'avoir découvert le magistral essai d'Olivia Gazalé sur la culture de la virilité, car il rejoint mes intuitions depuis des années et confirme mes recherches. Par exemple, elle observe que « l'idéal viril ne se définit pas tant par l'exercice de la puissance que par la haine de l'impuissance. Au fond des conduites les plus agressivement viriles se trouve, davantage que la passion de la victoire, la hantise primordiale de la défaite – guerrière, sportive, professionnelle ou sexuelle[1] ».

La philosophe remarque également que le mythe de la virilité débouche sur une organisation sociale fondée sur la haine de l'autre, le rejet des différences, le mépris de la vulnérabilité ; un système prônant la domination des plus forts sur les plus faibles, ou considérés comme tels. Dans la catégorie des « faibles » ou des « sous-hommes », on trouve les femmes, les enfants, les personnes âgées, les individus porteurs de handicap, mais aussi les hommes sensibles[2]. L'idéologie de la domination refuse l'expression des émotions, des sentiments, de tout ce qui pourrait ressembler à une forme de fragilité.

Marek raconte comment il s'est laissé enfermer dans la tradition virile pour ne pas se démarquer de ses congénères :

1. Olivia Gazalé, *Le Mythe de la virilité*, Robert Laffont, 2017, p. 22.
2. *Idem*, p. 23.

« Même si cela ne me plaisait pas, j'ai dû faire comme les autres. Je n'avais pas vraiment le choix. Je suis tombé dans l'alcool, les saouleries, les histoires obscènes sur les filles et la pornographie. Tout cela était présenté comme l'unique façon d'être un homme. Le seul choix possible pour me libérer de ces contraintes obsédantes et destructrices a été de quitter la Pologne pour venir m'installer en France. Je ne me voyais pas continuer comme ça toute ma vie. Je l'ai fait surtout pour pouvoir partir sur de nouvelles bases, en choisissant soigneusement mes amis et, notamment, en fréquentant plus de femmes que d'hommes, pas pour les séduire, mais pour être tranquille et pouvoir exprimer ma sensibilité. »

Je me souviens de ma stupéfaction, il y plus de vingt ans, lorsque j'ai entendu de jeunes garçons scouts affirmer crânement qu'ils n'avaient peur de rien et prétendaient pouvoir survivre en toutes conditions « avec leur bite et leur couteau » ! Le sexe viril érigé en arme est malheureusement utilisé dans les viols massifs lors de presque tous les conflits armés…

Dans un monde aussi dur, les deuils et les traumatismes sont passés sous silence. Chacun doit se débrouiller pour vivre avec ses souffrances, sans empêcher la grande machine productiviste et marchande de fonctionner à plein rendement, c'est-à-dire sans entraver l'idéologie de la performance ni dénoncer la hiérarchie sociale absurde qui en découle. Pour faire taire les douleurs physiques et psychiques, de plus en plus de médicaments neurotropes sont vendus chaque année, anesthésiant le malheur social sous la forme d'une mollesse hébétée, d'une impuissance imposée qui se fait passer pour une douce léthargie : la camisole chimique du peuple, en quelque sorte.

Marie-Claude Treglia, une amie journaliste, me confiait un jour des regrets qui vont dans le même sens : « La sensibilité est devenue taboue. On ne peut plus exprimer librement nos émotions, nos sentiments. La sexualité n'est plus taboue tant qu'il s'agit de sexe brut, sans émotion, sans sentiment, mais dès qu'il y a des sentiments on ne peut plus s'exprimer librement, cela dérange trop. » Voilà exactement ce que provoque la fausse puissance virile, notamment en poussant à la jouissance immédiate sans possibilité d'exister réellement : *priver l'humain de ce qui est véritablement humain, c'est-à-dire sa sensibilité.*

L'école de la cruauté

Pour d'innombrables enfants, très sensibles de nature, le parcours scolaire est semé d'embûches et peut se révéler une succession d'épreuves. Je pourrais écrire un livre entier uniquement sur ce thème très large, pas seulement sur les horreurs du harcèlement qui peut mener les jeunes au suicide, comme ce collégien savoyard récemment harcelé à mort seulement parce que ses cheveux étaient roux !

Pour revenir à un registre beaucoup plus léger, je me souviens à quel point mes camarades garçons se moquaient de moi durant les années de collège, me trouvant trop sensible, donc « efféminé ». Je passe les noms d'oiseaux rares dont ils m'ont violemment affublé au quotidien avec une obstination sadique pendant toutes ces années, encore au lycée d'ailleurs, même si c'était moins fréquent. J'ai vécu, comme tant d'autres, un abominable acharnement, qui me désespérait et aurait pu me pousser plus d'une fois au suicide[3]. Pourtant, j'ai toujours été particulièrement sportif, partageant leurs jeux de ballon et de course-poursuite, mais pas leurs moqueries désobligeantes à l'égard des filles ou leurs blagues ouvertement salaces. À leurs yeux, j'avais surtout le tort d'exprimer mes émotions, mes sentiments, mes intuitions, mes enthousiasmes. En fait, je ne correspondais pas à l'idéologie virile qu'on leur avait inculquée et qu'ils essayaient de respecter, à leur être défendant. Cela a commencé en classe de sixième, simplement parce que j'aimais utiliser différentes couleurs pour prendre

---

3. Lire à ce sujet le poignant récit d'Édouard Louis, *En finir avec Eddy Bellegueule*, Seuil, 2014.

note de mes cours. Les couleurs étaient déclarées réservées aux seules filles ; les garçons, eux, *devaient* s'en passer…

Toutes les classes sociales sont concernées, quelles qu'elles soient. Youri a grandi dans une ville huppée de l'ouest parisien. Il se souvient de ce douloureux chemin tout au long de ses études, dès l'école maternelle.

« À l'école catholique, il y avait une double pression sur notre façon d'être, de voir le monde, et sur notre sensibilité. Une pression religieuse, puisqu'il fallait adopter des idées, avis, émotions, états, suivant des dogmes établis, sans aucune prise en compte de l'unicité de chacun. Il existait aussi une pression sociale, puisqu'il fallait appartenir à cette communauté privilégiée, donc se plier à ses valeurs et à son mode de fonctionnement. Toute originalité dans cette école était rejetée. Tout ce qui ne semblait pas lisse ou parfait était refusé par le groupe. Chacun, moi y compris, vivait donc sa sensibilité dans son coin, sans la partager, et sans la développer. La morale était partout. On ne nous laissait aucune chance de nous exprimer sincèrement. »

La valorisation aveugle et massive de certains schémas types, majoritairement machistes et productivistes[4],

4. J'ai déjà montré par ailleurs qu'il s'agit de la même idéologie.

pousse à ne plus exprimer ses désirs, ses idées, ses spécificités, etc.

« Au collège, j'ai connu une nouvelle forme de violence sur la sensibilité, venant cette fois des autres élèves. Pour rester en groupe, ils effacent eux-mêmes leur différence, leur singularité et leur sensibilité. Ils exigent des autres qu'ils fassent pareil. Terrible solitude encore, avec de nouveau une mise à l'écart de la sensibilité. J'ai subi d'innombrables insultes, moqueries, sans la moindre protection des adultes. Là encore personne ne nous a aidés à grandir sereinement. »

Au collège puis au lycée, comme beaucoup d'autres, Youri se rappelle l'hypersexualisation des discussions entre garçons et le refus d'un rythme différent pour chacun, excluant les doutes et les progressions de la découverte, comme s'il fallait forcément passer au plus tôt à l'étape de sa première relation sexuelle comme on passe un examen obligatoire, normalisé, au même âge pour tous et sans égard pour les sentiments.

Youri a tenté de redécouvrir à tâtons sa sensibilité lors de ses études à l'université, tout en cherchant à affirmer sa subjectivité.

« Dans le supérieur, enfin, la sensibilité semble pouvoir s'exprimer à nouveau, car la singularité offre la

possibilité de se démarquer des autres. Mais il est bien dur de se trouver, se retrouver et affirmer sa sensibilité quand on a été formaté à ne plus l'exprimer pendant tant d'années. Parfois, on a intégré ce refus et on sait que la vie active approche, avec le risque d'un nouveau cadre empêchant la sensibilité… qui est systématiquement mise à l'arrière-plan par rapport à l'argent, au prestige, à la réussite, etc. »

Comme une sorte de fatalité, la pression des standards sociaux revient effectivement en force après la fin des études et l'entrée dans le « monde du travail », à un point tel que j'ai remarqué beaucoup de dépressions lors de ce passage entre les études et la vie professionnelle. D'ailleurs, ces dépressions peuvent rester larvées longtemps pour resurgir plus tard, après la naissance des enfants et surtout au moment de la reprise du travail, ou lors de fatigues intenses, qui se muent en lassitudes et préparent l'arrivée d'un burn-out.

Selon une étude réalisée récemment, 37 % des personnes interrogées présentent des signes de détresse psychologique (stress, angoisse, insomnie, déprime, dépression). Cette détresse touche plus nettement les jeunes hommes, à l'âge où la pression sociale est la plus forte, puisqu'ils doivent apporter les preuves de leur virilité, dans leurs études, leur sexualité, puis dans leur activité professionnelle et la création d'une famille[5]. Ils doivent se montrer forts, encaisser les coups durs, protéger leurs proches, affronter le monde sans se plaindre, se conformer au modèle ambiant, ignorer leurs sentiments, etc.

L'impuissance acquise

Beaucoup de garçons et d'hommes sensibles se reconnaissent dans les témoignages qui précèdent. Ils insistent pour que *leur sensibilité soit reconnue comme une qualité profonde de l'être qu'ils sont*, indépendamment de leur genre. Lors des conférences, je propose à chaque fois de réaliser une pétition pour obtenir la reconnaissance pénale de la dévalorisation de la sensibilité et des moqueries contre les personnes sensibles comme une forme réelle de harcèlement moral. Je souhaite que la loi évolue rapidement dans ce sens.

Je voudrais compléter mon propos en vous parlant de ce que les Américains appellent « l'impuissance apprise ou résignation acquise », car il s'agit d'un phénomène particulièrement défavorable aux individus sensibles.

En 1975, le professeur de psychologie expérimentale Martin Seligman propose une théorie de

5. Étude Coconel, France, avril 2020.

l'impuissance apprise ou acquise. Il s'agit d'un sentiment d'impuissance, continu ou récurrent, provoqué lorsqu'un individu est confronté à des situations auxquelles il ne peut échapper et sur lesquelles il ne peut agir. L'impuissance acquise induit stress et anxiété, puis angoisse, dépression et désespoir.

Un individu soumis à des stimulations nocives qu'il ne peut ni prévenir ni empêcher « renonce à tout comportement d'évitement et se résigne à l'immobilité ». Ce comportement persiste après, même lorsqu'il peut éviter les stimulations nocives[6]. Un tel sentiment d'impuissance entraîne une perte de confiance en soi, puis des formes d'impassibilité et de défaitisme.

Fréquemment, les personnes extrêmement sensibles confondent leur hypersensibilité avec leur manque de confiance en soi, leur anxiété ou leur tendance à la déprime. Or, dans la réalité, elles ne sont pas directement liées. *La sensibilité élevée, à elle seule, ne génère jamais de difficulté de vivre*, de démoralisation, voire de déprime. Nos souffrances ne viennent pas de notre sensibilité, mais de ce que nous inflige notre

6. Bertrand Samuel-Lajeunesse, Christine Mirabel-Sarron, Luis Vera, Firouzeh Mehran et *al.* (1998), *Manuel de thérapie comportementale et cognitive*, Dunod, 1998, rééd. 2004.

environnement, puis de la façon défavorable dont nous nous considérons.

Martin Seligman observe que la démotivation puis la démobilisation découlent de la répétition d'échecs dans une situation donnée malgré les efforts accomplis pour réussir. Ce sentiment d'impuissance auquel on se résigne génère des pensées et des actes guidés par le découragement et la tristesse qui, s'ils s'installent, peuvent mener à la dépression.

Croire que nos efforts sont inutiles induit une baisse de motivation pour agir et nos émotions douloureuses se transforment en humeur défaitiste permanente. On finit par se dire que quoi que l'on fasse, cela ne servira à rien.

Cela arrive régulièrement en situation d'apprentissage lorsqu'un enfant ne parvient pas à répondre aux demandes d'un adulte, alors qu'il souhaite bien faire, en a les capacités et fait tout son possible pour y arriver. Il est souvent confronté à des évaluations dépréciatives comme « bon à rien », « paresseux », « ne fait pas d'effort », « peut mieux faire », « doit travailler davantage », etc. L'enfant perd progressivement confiance en ses capacités à réussir. Pire encore, il perd confiance en la capacité des adultes à écouter ses besoins et à y répondre de façon adéquate.

Victoire raconte comment l'impuissance s'est inscrite en elle au collège, puis au lycée :

« *Au premier trimestre de la sixième, j'ai mis du temps à m'habituer au collège. Mes résultats étaient moyens avec des commentaires très dévalorisants. Je n'avais aucun soutien aidant de mes parents. Lors de la première rencontre parents-professeurs de la fin du trimestre, ma mère est venue rencontrer les professeurs avec moi. Au retour, elle m'a dit sèchement : "Si c'est pour entendre ce genre de remarques, je n'irai plus", m'assénant les mêmes commentaires dépréciatifs que mes professeurs, alors que j'étais en difficulté et avais un grand besoin d'aide. Elle m'a laissée seule et démunie avec ce problème. Du coup, mon découragement et mon désespoir se sont accentués. À l'entrée au lycée, j'étais perdue, j'ai eu l'impression de revivre la même chose. Je n'avais envie de rien, de mauvais résultats scolaires, avec une forme de déprime que personne ne semblait voir. Aujourd'hui, je peux faire le lien avec les moments de dépression dans ma vie d'adulte, tenaillée par le même sentiment d'impuissance.* »

Les enfants ultrasensibles ont presque tous connu des situations infortunées de ce type. Pour eux, le sentiment d'impuissance se manifeste très rapidement et insidieusement sous la forme de découragement, de lassitude, de tristesse, puis d'un pessimisme plus profond, avec cette sensation d'être continuellement en décalage avec les autres et de ne pas être compris. De là vient cette impression désagréable, parfois désespérante, de venir d'une autre planète ou de ne pas être « normal ».

3. Se libérer des injonctions sociales

« Le premier obstacle est l'idée préconçue. Nous ne savons souvent voir que ce que nous sommes prêts à voir. »
Albert JACQUARD, *Petite Philosophie*

Dans une conférence prononcée en juillet 2004, le biologiste généticien Albert Jacquard observe que la société est sclérosée par le conservatisme, les idées reçues et la répétition des mêmes erreurs. Selon lui, les êtres humains ont désormais un défi fondamental à relever, qui est d'apprendre à vivre ensemble. Ainsi, le « surhomme » n'est pas un individu qui est très fort, mais l'ensemble des humains coopérant, inventant et avançant ensemble. Dès lors qu'ils s'allient et se libèrent de la compétition entre eux, ils peuvent progresser, ensemble pour le bien de tous. « C'est pourquoi il faut organiser, encore et toujours, des rencontres entre les humains. » Ces rencontres sont notre vraie richesse.

Ce qui est vrai au niveau collectif l'est aussi à l'échelle individuelle, car pour devenir nous-même ou nous créer, nous avons besoin du regard de l'autre, de tisser des liens avec lui, de nous appuyer sur lui. « Dès que je suis en compétition avec autrui, je ne tisse plus de liens ; par conséquent, je suis en train de me suicider : toute compétition est un suicide », martèle cet humaniste convaincu.

« Tout commence à l'école » et même avant !

C'est pourtant l'inverse que nous inculque la majorité silencieuse depuis notre plus tendre enfance. L'école favorise le conformisme en étouffant la sensibilité, l'imagination et la créativité. Selon Albert Jacquard, « le système d'éducation actuel est pernicieux. Les notes, les classements, encouragent cette compétition absurde », alors que l'école devrait se consacrer à promouvoir les relations entre élèves, avec les professeurs, mais aussi la rencontre avec les auteurs, les idées, les différentes cultures…

Ramener l'appréciation d'un travail à une note instaure une hiérarchie funeste entre les élèves. En fait, l'autre me vaut même s'il est différent et il est surtout une richesse. La scolarité pacifiée au Québec, qui a abandonné le système de notation, prouve que cette conception est féconde. Nous sommes avant tout les liens que nous tissons avec autrui. « D'une certaine façon, je dirais même qu'il est important de "copier" sur son voisin pour y puiser de la richesse », propose le biologiste.

Personne n'est parfait, personne ne peut l'être et pourtant le système scolaire continue d'exiger la perfection des élèves, générant des angoisses et des tensions inutiles. Les enfants atypiques, dyspraxiques et porteurs de handicaps ont besoin d'être vraiment accueillis dans le système éducatif. « Au même titre que chacun d'entre nous, ils font partie du tissu social et ont souvent des trésors de gentillesse et de sensibilité à partager. »

La sensibilité est le vrai tabou

Dans le meilleur des cas, ces trésors de gentillesse et de sensibilité sont peu mis en valeur et peu développés ; ils sont plutôt occultés, dépréciés ou considérés comme inutiles. Il est vrai que l'on entend dire, de façon convenue, que les grands artistes sont dotés d'une sensibilité exacerbée, à la source de leur génie, car elle leur permet de sentir ce que les autres ne perçoivent pas ; alors qu'il semblerait que pour le reste de la population, la sensibilité soit combattue au lieu d'être accueillie et encouragée. D'innombrables exemples prouvent que, déjà dans les familles, dès la naissance, on inculque aux enfants des croyances et des conceptions de l'existence particulièrement défavorables à l'expression de la sensibilité, à tel point qu'elle constitue, en réalité, le tabou le plus intouchable qui soit.

Tiago : « Ma mère est espagnole, mon père portugais. Je baigne dans une culture machiste apparemment chaleureuse, mais impitoyable en réalité. Nous nous surveillons continuellement les uns les autres. Attention au moindre faux pas ! On ne peut rien exprimer de personnel, surtout pas sa sensibilité. La haine de la sensibilité dans ma famille découle directement d'une religion hypocrite, qui dicte nos pensées et nos actes au quotidien. Il y a aussi toute une généalogie de mensonges, de secrets, de faux-semblants et de sacrifices. Nous devons vivre pour la communauté et ne surtout pas exprimer notre personnalité. Sentir et exprimer ses sentiments serait mettre tout le système en danger, alors c'est exclu. La justification officielle est que la sensibilité est une preuve de faiblesse… En fait, mon système familial est si fragile qu'il ne peut tolérer la puissance de la sensibilité ! »

D'ailleurs, derrière ce rejet virulent de la faiblesse se cache une haine encore plus féroce contre la fragilité.

Comme la sensibilité librement vécue peut révéler notre vulnérabilité fondamentale ou nos moments de vulnérabilité, c'est la fragilité humaine qui est visée dans toutes les formes de veto qui sévissent à l'encontre de la sensibilité.

Dans son témoignage, Tiago met en évidence ce qui empêche l'évolution des groupes, qu'il s'agisse de familles, de communautés, voire de la société tout entière. En acceptant la sensibilité et son expression libre par tous ses membres, le système devrait forcément évoluer pour s'humaniser. Son fonctionnement rigide et contraignant serait remis profondément en cause et il ne pourrait que se renouveler, ce qui provoquerait une mutation significative des relations, des rôles, de la répartition du pouvoir, donc des hiérarchies et des privilèges.

Plus profondément donc, le refus de la sensibilité est justifié par de fausses croyances imposées comme des vérités. N'oublions pas que le propre de la désinformation et de la propagande est la répétition. Des études prouvent qu'un mensonge répété plus d'une dizaine de fois ressemble à la vérité et finit par être pris pour une vérité. La paranoïa politique des dictateurs comme Hitler, Staline et tant d'autres jusqu'à Trump, utilise la répétition de contre-vérités et de mensonges qui finissent par s'incruster dans les mentalités comme équivalentes à la réalité. Ces mystifications font emprise sur la pensée et deviennent plus convaincantes que la réalité elle-même.

Les mensonges sur la sensibilité

L'insensibilisation ayant mené nos sociétés à une rationalisation extrême n'est pas une preuve de bonne santé. Au contraire, les crises récentes prouvent que le manque de sensibilité est à l'origine de toutes les décisions fâcheuses, voire délirantes, des politiques, avec les conséquences les plus désastreuses sur les populations.

Cependant, la sensibilité n'a pas toujours été dédaignée. Dans deux ouvrages profonds, saisissants, et extrêmement justes, Marie-France de Palacio rappelle que la sensibilité était la qualité essentielle ainsi que la valeur centrale aux XVIIe et XVIIIe siècles, puis que de nombreux auteurs ont continué à la révérer jusqu'au début du XXe siècle[1]. Les historiens pourront certainement expliquer avec précision le lent déclin qui a suivi. Pour ma part, je l'attribue à cinq facteurs principaux :

1. Marie-France de Palacio, *Ta sensibilité te tuera*, Max Millo, 2016 et *Hypersensibilité et conscience élargie*, Bussière, 2017.

- Le virilisme pathologique de Napoléon 1er a entraîné toute une époque dans des guerres de conquêtes sanguinaires et dévastatrices, autant que dans une réforme du droit civil décuplant la phallocratie, et ce qu'on appelle la « domination masculine[2] ».
- Les différentes révolutions industrielles ont déshumanisé l'économie, le travail, la relation à l'autre, engendrant une culture matérialiste et mécaniste de la performance sans âme. Ce phénomène est renforcé par le développement des télécommunications virtuelles.
- Les guerres industrialisées se sont répandues dès 1914, rendant malheureusement possible la destruction massive et aveugle de foules confrontées à des morts arbitraires, aussi absurdes qu'anonymes.
- La culture intellectualiste de l'élite du savoir cherche à nous faire croire que la sensibilité est méprisable ou mauvaise en valorisant abusivement la rationalité.
- Une culture de masse puissamment propagée par les médias, aussi simplificatrice que peu rigoureuse, induit ou conforte les croyances les plus invraisemblables, souvent tenaces et sans lien avec le réel.

---

2. La sociologue australienne Raewyn Connell utilise, elle, l'expression « masculinité hégémonique ».

De là découlent des mystifications discréditant volontairement la sensibilité humaine. Elles ont été mises en évidence par Carol Pirotte au cours de ses recherches sur l'ultrasensibilité[3]. Voici les principales.

La sensibilité serait synonyme de faiblesse

Si l'on en croit les représentations usuelles de nos contemporains, une personne supposée « normale », donc conforme à la norme, doit être forte et savoir réprimer ses émotions. On appelle cela « gérer ses émotions », selon une formule consacrée, qui est déjà une escroquerie, puisque la véritable exigence sociale est de refouler ses émotions. Une personne standard est donc celle qui, face aux situations heureuses ou malheureuses de la vie, sait rester froide, se montrer raisonnable et ne pas dévoiler ce qu'elle ressent.

Cependant, les personnes sensibles, voire très sensibles, sont spontanément émues par la variété des situations relationnelles. Il est possible qu'une personne qui ressent intensément et réagit avec vivacité puisse paraître moins rassurante pour celles et ceux qui ont oublié que la sensibilité est le propre de l'humain. « Être au contact de la souffrance, de

3. Carol Pirotte, *Êtes-vous ultrasensible ?*, Leduc, 2019. Voir également ses vidéos et interviews.

l'injustice, de la puissance du vivant nécessite beaucoup plus de courage que d'être déconnecté de soi », relève Carol Pirotte. En effet, prétendre que la sensibilité est une « faiblesse » décourage très tôt du désir d'être sensible, de développer sa sensibilité et de l'exprimer volontiers. Alors on se coupe de soi-même, inéluctablement.

Qui a envie d'être traité de faible, de sentir la désapprobation de ses proches, d'éprouver de la honte ? Personne ! Alors, quel sort réserve-t-on à la sensibilité dans les cultures qui la considèrent comme un signe de faiblesse ? Au mieux, on apprend à la tenir secrète pour la vivre de façon cachée, en contrebande, seul ou avec un proche qui nous ressemble. Au pire, on se débrouille pour la refouler et on parvient à l'occulter, voire à l'étouffer, en se félicitant d'être « normal », puisque l'on fait comme tout le monde ! Et on ne se prive pas de ridiculiser celles et ceux qui sont restés sensibles…

La sensibilité serait une affaire de femmes

Voici un préjugé extrêmement tenace, qui a fait, et cause encore, énormément de tort aux femmes autant qu'aux hommes. La dénonciation de cette idée reçue, typique d'une société machiste, rejoint le combat féministe en général et, plus précisément, la réflexion d'Olivia Gazalé sur le mythe délétère de la virilité. En réalité, la sensibilité n'est pas féminine, elle n'est pas réservée aux femmes. Elle concerne tous les humains sans exception. Elle est peut-être plus facilement admise chez une fille ou une femme – et encore, cela dépend où –, puisqu'on la présente comme une caractéristique féminine, mais elle existe tout autant chez les hommes.

Comment faire lorsque l'on est un garçon si l'on doit absolument se couper d'une partie de soi pour devenir un homme ? Doit-on renier ce qui fait notre humanité, ce qui nous relie aux autres ? Doit-on devenir sourd aux informations que le corps nous offre sous forme de sensations ? Doit-on renoncer à avoir une vie intérieure, une imagination, une intuition, des émotions et des sentiments ? Est-on condamné à devenir une brute misant tout sur ses muscles, un barbare sans empathie, un robot muet qui obéit sans réfléchir ou un ordinateur qui ne peut que fonctionner selon un programme préétabli ? Non, la sensibilité n'est pas l'apanage d'un seul genre. Nous avons tout à gagner à l'accueillir, la développer, et les hommes peuvent s'autoriser à la vivre sans restriction, en la déployant autant que les femmes, comme notre potentiel humain le plus précieux.

Ce n'est pas facile, certes, et pas encore gagné… La sociologue Christine Castelain-Meunier ajoute à cette lente reconquête de leur sensibilité par les hommes, le nouveau défi que représente pour les garçons le fait que, désormais, les filles sont désignées comme le modèle de réussite à l'école[4].

L'excès de sensibilité serait pathologique

Les individus dont la sensibilité est exacerbée se sentent régulièrement en décalage avec leur environnement, d'autant que leur entourage préfère ne pas chercher à accueillir leur sensibilité et à comprendre leur façon de vivre intensément les expériences de l'existence. Certains cherchent à se normaliser, ce qui implique un combat contre soi-même et sa nature profonde, pour essayer de devenir « plus zen, moins prise de tête, plus cool », bref moins explosif ou moins intense… Il s'agit alors de devenir un autre que soi. Est-ce possible ?

« Depuis que je suis tout petit, les reproches fusent sous forme de « trop » : tu es trop sensible, trop gentil, trop délicat, trop empathique, trop bienveillant, tu en fais trop, tu parles trop fort, tu es trop entier, tu prends les choses trop à cœur, etc. Ma professeure de piano

4. Christine Castelain-Meunier, *Les Hommes aussi viennent de Vénus*, Larousse, 2019.

me reprochait même d'avoir de trop grosses mains ! Ce matin, après un énième reproche dans ce sens, je me suis demandé : "Comment peut-on transformer un cheval en rat ?" Au fond, c'est ça que la société nous demande, et notre entourage prend le relais en insistant lourdement. Eh bien, je ne vais pas pouvoir me changer en rat. Tant pis. D'ailleurs, je n'en ai pas la moindre envie ! »

Malheureusement, beaucoup d'âmes sensibles peuvent finir par croire qu'elles sont anormales, malades ou folles. Parfois, ce sont même leurs proches qui le leur affirment, les incitant à consulter un médecin, à prendre des médicaments pour se calmer, à trouver une activité ou une thérapie qui pourrait les rendre moins intenses, moins vivantes, moins vraies…

L'erreur fondamentale, donc la nuit obscure dans laquelle nous maintiennent ces mensonges, est de faire passer la sensibilité élevée pour une maladie, ce qu'elle n'est absolument pas ! La sensibilité est la nature profonde de tout être humain, son chez-soi, son jardin d'Éden, son trésor le plus précieux…

Il existe de nombreux autres mensonges sur la sensibilité, qui nous piègent à notre insu. Ainsi, nous ne devons pas dépasser une limite très réductrice dans l'expression de nos ressentis, sous peine d'être taxés d'hystériques ! L'une des mystifications plus récentes, qui s'est répandue très rapidement, est de vouloir nous faire croire qu'il existerait des émotions « positives », des bons sentiments, et des émotions « négatives », des mauvais sentiments. Comment définir ce qui est convenable et ce qui ne l'est pas ? Vous percevez déjà combien cette aberration défie la réalité parce qu'il s'agit d'une règle morale, voulant encore une fois restreindre la sensibilité, la mater, la tenir sous contrôle.

Toutes nos émotions sont des informations sur les situations relationnelles, donc affectives, que nous vivons avec nous-même, les autres et le monde. Est-ce sage de vouloir se priver de ces informations, sous prétexte que certaines émotions seraient plus difficiles à vivre que d'autres ? Non, c'est insensé… et même dangereux à long terme, tant on connaît aujourd'hui la place centrale qu'occupent les émotions dans la genèse des maladies graves !

Vivons nos émotions, quelles qu'elles soient, accueillons-les, observons-les et libérons-nous des jugements sur nous-mêmes, sur nos ressentis, sur notre sensibilité.

4. Valoriser la sensibilité

« Jean-Luc me donnait l'impression d'une trop grande sensibilité, comme s'il était ému en permanence par des choses intimes et secrètes. »
Aurélie Le Floch, *Pour te voir cinq minutes encore*

À partir de quelle limite peut-on estimer que la sensibilité est « trop » grande ? Par rapport à quels critères réels ? Comment les définir avec justesse ? En fait, c'est rigoureusement impossible. Dans chaque situation et pour chaque personne, il s'agit d'évaluations subjectives et, avant tout, de jugements induits par nos références culturelles.

Jean-Luc avait-il, lui, cette impression d'être d'une « trop grande » sensibilité ? Non, très probablement pas, et s'il décrivait ce qu'il vivait dans ces moments où d'autres pouvaient le trouver « trop » sensible, qu'aurait-il exprimé de lui-même ? En quels termes aurait-il spontanément parlé de lui, de ses expériences ?

Les autres ne nous perçoivent pas de la même façon que nous et, presque systématiquement, ils se méprennent sur notre compte, se trompent en nous désignant, nous rangent dans des cases, nous collent des étiquettes, nous jugent, nous réduisent à des idées préconçues ou à leurs propres expériences.

Ce constat est primordial. Je voudrais vraiment vous aider à comprendre que *la façon dont vous considérez la sensibilité* impacte autant vos idées sur vous-même et sur les autres, que vos choix et vos actes, jusqu'à votre façon de vivre vos relations et votre existence. Cette prise de conscience est fondamentale, car elle peut réellement changer votre vie.

Mon existence ressemble à ce que je crois

Prenons le temps d'observer comment notre conception de la sensibilité est, elle aussi, une construction, issue à la fois de notre histoire, de notre éducation et des croyances que nous nous sommes forgées. Cette conception peut nous amener à nous tromper sur la réalité. Voici un exemple parmi tant d'autres...

Extrêmement sensible, Bettina préfère vivre loin des autres. À part quelques rares amis, elle ne sort guère, travaille chez elle et ne part quasiment jamais en vacances. Après des années de célibat, elle s'inscrit sur un site de rencontres et commence une relation avec un homme, très sensible lui aussi, qui lui correspond réellement. Durant leurs discussions, elle lui parle longuement de ses rêves et de sa façon à elle de les interpréter, qui est prédictive. Charmé, son compagnon l'écoute volontiers. Néanmoins, avec le temps, il lui confie que ce mode de lecture des rêves lui semble fermé et réducteur. De son côté, plus habitué à la psychanalyse au sens large, il explore plutôt ses rêves comme des messages de son inconscient. Leurs conceptions étant peu compatibles, les deux amoureux se disputent, chacun défendant sa position. Très affectée, Bettina décide de quitter cet homme qu'elle trouve indélicat. Elle prétend qu'il n'est pas assez sensible, donc qu'il ne peut pas la comprendre et se convainc qu'elle ne sera jamais heureuse avec lui… Après plusieurs séances de thérapie tendues puis houleuses, elle accepte de lâcher prise et prend conscience qu'il ne s'agit pas de sensibilité, mais que, tout simplement, ils ne partagent ni les mêmes croyances ni les mêmes lectures de la vie. Elle reprend contact avec lui. Ils choisissent, dans un premier temps, de ne plus parler de leurs rêves, ce qui les aide à pacifier leur relation. Bettina se rend compte qu'il ne s'agissait donc pas d'une question de sensibilité, plus ou moins forte, mais seulement d'une différence de points de vue.

Ce témoignage est significatif. Il montre comment nos constructions mentales, composées de nos croyances et de nos visions du monde, influencent nos pensées, nos interprétations des rêves et de la réalité, puis nos décisions, nos relations et notre communication. Plus nous sommes rigides, plus nous tenons à nos croyances, plus cela nous dessert et restreint nos possibilités d'équilibre, d'harmonie et d'épanouissement. Nous avons même tendance à juger les autres durement, sans raison et sans fondement.

Se croire sans valeur

Très souvent, notre difficulté à vivre notre sensibilité ne vient ni de nous ni de ce que nous sentons, mais de ce que notre entourage nous a fait croire en nous laissant entendre que, selon eux, nous *étions* un problème. Les mots bouleversants de Natasha me remuent profondément et me donnent mal au ventre. Combien de récits de ce genre ai-je entendus ? Tellement, tellement… que cela me semble un terrible gâchis d'humanité !

« J'ai beaucoup souffert de ma sensibilité élevée à l'école. Le directeur qui était aussi mon professeur, puis d'autres maîtresses m'ont souvent humiliée devant toute la classe. On m'a même fait redoubler pour rien, car j'étais en

échec scolaire. Moi, évidemment, j'étais trop jeune pour me rendre compte, pour exprimer qui j'étais, je ne le savais même pas. Au collège je n'avais que des mauvaises notes, je n'arrivais pas à travailler et je ne me sentais à ma place nulle part. »

Tous ces enfants réprimandés, rabroués, humiliés parce qu'ils sont sensibles gardent en eux les traces de ces moments de honte, qui les ont marqués à vie. Je reçois ou entends les témoignages de plus en plus d'adultes, mêmes âgés, qui après de nombreuses années de thérapie ne parviennent pas à se libérer durablement de cette douleur de la honte inscrite au plus profond d'eux, engrammée dans leur corps, jusque dans leurs cellules.

Confondre sensibilité et fragilité

Nous avons vu que la culture majoritaire confond sciemment sensibilité et faiblesse, dans une volonté explicite de dévaloriser la sensibilité. De façon moins visible, il existe aussi une confusion possible entre sensibilité et fragilité. Cette croyance pousse à faire de mauvais choix, sans liens avec la réalité. En voici un exemple tiré du très beau film *Center of My World*, dont voici un dialogue entre la mère et le fils[1].

1. *Center of my World*, film autrichien de Jakob M. Erwa, 2016 ; d'après le roman *Die Mitte der Welt*, Andreas Steinhöfel, 1998.

Phil demande à sa mère, Glass, qui était son père. Elle ne lui répond pas. Il insiste.

– Comment était-il ?

– Il était merveilleux. L'homme le plus merveilleux qu'on puisse imaginer.

– S'il était merveilleux, pourquoi t'a-t-il quittée ?

– Il ne m'a pas quittée. Nous nous aimions à la folie. Il était si bon, si sensible. Il attirait les papillons, comme la lumière. Il avait ce sens exacerbé de l'autre, cette vulnérabilité… J'avais toujours peur pour lui.

– Que s'est-il passé ?

– Je suis tombée enceinte. Du coup, j'ai eu peur pour vous aussi. Alors, je suis partie sans réfléchir… Je ne m'attendais pas à ce que ça fasse aussi mal.

– Pourquoi n'en as-tu jamais parlé ?

– C'était plus facile.

– Quoi ?

– De ne pas en parler.

Ils pleurent. Sa mère reprend :

– S'il y avait des réponses toutes faites pour tout… Je souhaite que tes rêves se réalisent, mais n'attends pas trop de la vie.

« N'attends pas trop de la vie » : voici encore une limite posée du fait de croyances renforcées par les mauvaises expériences qu'elles ont elles-mêmes engendrées ! C'est le cercle vicieux de nos constructions, qui se confirment fatalement puisque nous nous y accrochons en les croyant fondées.

Très sensible, Glass a fui l'homme qu'elle aimait parce qu'elle a cru que ce serait trop difficile pour elle de vivre avec lui. Or, la suite de son existence, remplie d'embûches, de solitude, de conflits et de ruptures, prouve qu'elle s'est lourdement trompée. En voulant se protéger, sous prétexte d'éviter l'ultrasensibilité de son compagnon, elle s'est elle-même construit une existence malheureuse, chaotique, et une relation détériorée avec ses enfants. Ainsi, *nos croyances les plus puissantes, celles auxquelles nous tenons le plus, influencent résolument et durablement le cours de nos vies.*

L'hypersensibilité n'existe que dans le regard de l'autre

Je vais vous donner encore un exemple, qui – je le souhaite – vous convaincra autant que moi, qui l'ai vécu.

Lorsque j'étais enfant, j'ai suivi ma scolarité en primaire et en secondaire au lycée musical. Il s'agit d'un équivalent des classes « Sport Études » : les matinées sont consacrées aux apprentissages académiques et les après-midi à la formation artistique (musique, théâtre, chant ou danse). Pendant de nombreuses années, tous les après-midi et lors des répétitions du soir ou du week-end, nos professeurs sans exception nous répétaient sans cesse : « Exprime ta sensibilité, développe ta sensibilité, affine ta sensibilité, quelle merveilleuse sensibilité », etc. Dans ce contexte, la sensibilité la plus élevée et la plus originale était non seulement bien vue et bienvenue mais encore plus attendue, encouragée, soutenue, applaudie… Le reste du temps, il en était tout autrement. En famille, mes parents me reprochaient d'être « hypersensible ». Pour eux, c'était un défaut rédhibitoire, une sorte de condamnation de mon être qui m'a très longtemps fait croire que j'étais indigne. Il en allait de même au collège et durant les entraînements sportifs. J'étais pourtant très sportif, participant régulièrement à des compétitions, les gagnant même parfois. Tout cela était oublié : l'environnement non artistique se focalisait principalement sur ma sensibilité exacerbée en la critiquant vertement et sans ménagement.

J'ai ainsi compris qu'il existe deux mondes parallèles, comme le mettent en évidence certaines histoires ou certains films, à l'instar de *The Matrix*[2]. Dans le monde artistique, la sensibilité vaut de l'or, elle est la qualité suprême. Dans l'autre, celui où la « Matrice » fabrique des clones normalisés, la sensibilité est déconsidérée et rejetée. Encore aujourd'hui, en écoutant France Musique, j'entends des artistes loués pour leur immense sensibilité et quelques heures après, dans d'autres espaces, je découvre le contraire avec son lot d'indifférence, de dédain ou de haine que certaines et certains vouent à la sensibilité. Dans les deux cas, il s'agit de constructions culturelles, d'un ensemble de croyances ancrées et agissantes, qui engendrent des univers complètement distincts. J'avoue que je préfère donc choisir le monde qui honore l'humain et sa merveilleuse sensibilité, même s'il est minoritaire, voire encore marginal.

À ce stade, vous aussi, âmes sensibles, vous comprendrez bien que vous ne pourrez pas faire autrement que de *choisir le monde que vous préférez* et d'y vivre selon vos propres croyances, avec des conséquences diamétralement opposées sur le cours de vos vies.

---

2. *The Matrix* est un film australo-américain écrit et réalisé par les Wachowski (1999).

Une sensibilité augmentée

Pour celles et ceux qui ont choisi de vivre dans la matrice hyper-normée donc hyper-standardisée, les habitants de l'autre monde leur semblent fatalement atypiques et hyper-sensibles, c'est-à-dire trop sensibles à leurs yeux, selon leurs critères communément partagés, en fonction de leurs croyances limitatives. N'oubliez pas la façon dont Christophe André a résumé cette situation paradoxale : c'est la société qui est hypo-sensible, et dans cette société, toute personne sensible donne l'impression de l'être « trop » !

Une longue histoire

J'ai pris le temps de retracer la longue histoire de la sensibilité élevée[3]. Contrairement à une fausse idée trop vite répandue, Carl Gustav Jung n'est pas l'inventeur de l'hypersensibilité, même s'il accorde une place intéressante à la sensibilité dans ses écrits. Cette histoire commence dans l'Antiquité, au IIe siècle après J.-C., avec le remarquable médecin Arétée de Cappadoce, profondément respecté et maintes fois cité par de nombreux médecins modernes. Il repère une constitution particulière, qui se distingue, entre autres, par une sensibilité à la fois soutenue

3. Saverio Tomasella, Cédric Vitaly, *L'Hypersensibilité pour les nuls*, First, 2020.

et subtile : délicatesse, fragilité, gracilité, etc. Plus proches de nous, les homéopathes observent précisément l'existence de diverses formes d'hypersensibilité physique et psychique, caractérisées par la finesse, l'intensité, le goût pour la contemplation, la distinction, l'absence de vulgarité...

« *Les individus hypersensibles éprouvent l'univers vibratoire au plus profond de leur chair. Tout est vibration : la lumière, la musique, les ambiances. L'harmonie est une évidence, la moindre dissonance est source de souffrance*[4]. »

La banalité, le matérialisme et les mondanités les ennuient, alors qu'ils rêvent de beauté, d'amour, de voyages et de mondes fantastiques.

Au début du XXe siècle, le psychiatre allemand Ernst Kretschmer propose la première description psychologique de la haute sensibilité. Il parle d'une « personnalité sensitive », dont l'*hyperesthésie relationnelle* se manifeste par une forte susceptibilité, qui la fragilise dans ses relations avec autrui. Ces personnes vulnérables, fatigables, parfois hésitantes, doutent d'elles-mêmes tout en étant convaincues de leur valeur intellectuelle. Très perfectionnistes, elles

4. Dominique Paulin, *Modigliani, la Tuberculose et le Génie créateur*, article à paraître.

risquent de s'épuiser sans réussir à atteindre leurs exigences[5]. Bienveillants, dévoués et généreux, s'attachant facilement aux personnes qui leur témoignent de la sympathie, les « sensitifs » ont tendance à se replier sur eux-mêmes lorsqu'ils sont critiqués.

La psychologue américaine Elaine Aron a consacré toutes ses recherches à la sensibilité élevée. Depuis son premier ouvrage publié en 1996, cette particularité qui touche plus de 30 % de la population est de mieux en mieux connue[6]. En France, la formulation anglo-saxonne *highly sensitive* a été traduite par « hypersensible ». La simple répétition à large échelle a fini par consacrer le mot « hypersensibilité ». Toutefois, nous sommes nombreux à penser qu'il vaut mieux utiliser les mêmes formulations qu'en anglais : haute sensibilité ou sensibilité élevée, ainsi que hautement sensible, pour valoriser la sensibilité au lieu de vouloir créer une catégorie à part. Pour cette raison, avec Marie-France de Palacio, puis d'autres collègues, nous préférons utiliser les termes « ultrasensibilité » et « ultrasensible ».

---

5. Ernst Kretschmer, *Der Sensitive Beziehungswahn. ein Beitrag zur Paranoiafrage und zur psychiatrischen Charakterlehre*, Springer, 1918.
6. Francesca Lionetti, Arthur Aron, Elaine N. Aron, G. Leonard Burns, Jadzia Jagiellowicz et Michael Pluess (2018). « Dandelions, Tulips and Orchids : Evidence for the Existence of Low-Sensitive, Medium-Sensitive and High-Sensitive Individuals », *Translational Psychiatry*, 8 (1). doi : 10.1038/s41398-017-0090-6.

Lors d'une enquête récente, nous nous sommes rendu compte qu'environ la moitié des personnes hautement sensibles vivent bien leur particularité, grâce à leur empathie, leur intuition et leur créativité, lorsqu'elles sont reconnues et assumées. Nous utilisons donc « ultrasensibilité » et « ultrasensibles » pour parler de ces personnes-là[7]. Ainsi, les individus à l'aise avec leur sensibilité élevée préfèrent utiliser « ultrasensibilité », « sensibilité augmentée », ou « grande sensibilité », tout simplement.

Se reconnaître (enfin) très sensible

Pouvoir désigner une forme de sensibilité vive ou augmentée, non seulement supérieure à la moyenne mais surtout plus atypique, est un immense bienfait pour toutes les personnes concernées. Elles se sentent soulagées, reconsidérées, régénérées de se reconnaître différentes, valorisées dans leur spécificité. Elles réalisent qu'elles ne sont pas les seules dans cette situation, qu'elles ne sont pas malades et qu'il n'y a rien qui cloche en elles. Une telle révélation est bénéfique à tout âge, comme le prouve la très belle lettre envoyée par Solange.

7. Voir *https://ultrasensibles.com/hypersensible-ou-ultrasensible/*.

« En vous entendant à la radio, j'ai eu un choc, je croyais entendre ma propre histoire ! Je vais avoir 70 ans, et c'est à cet âge-là que je découvre ce qui m'a fait souffrir toute ma vie, et qui a sans doute été à l'origine de l'échec de mon couple : la sensibilité élevée ! À présent, je suis sûre d'avoir été une enfant ultrasensible, et je le suis encore, sans l'avoir jamais su. Cela produit en moi une grande libération intérieure, rien que de le savoir. Je n'ai jamais été comprise par mon entourage, ni par la plupart des gens. Que puis-je faire de cette découverte tardive ? Elle me permet d'unifier ma vie depuis mon enfance jusqu'à présent, de comprendre enfin pourquoi j'ai tant souffert de me sentir différente sans jamais pouvoir l'exprimer. Il y a un tel consensus des personnes "normales" pour rejeter ou exclure des gens comme moi que c'était impossible, sans aide extérieure, d'accéder à cette unification de ma personne comme je viens de le vivre. »

Oui, continuons à informer le plus largement possible sur la sensibilité élevée et, au-delà, poursuivons la réhabilitation de la sensibilité, dès le plus jeune âge, sous toutes ses formes, dans son immense variété. Effectivement, loin des clichés et des idées rabâchées, nous allons découvrir à quel point la sensibilité humaine est riche, complexe et diversifiée.

Partie 2

Quand tout bascule

« Il contempla l'enfant pendant un long moment, puis il se mit à lui caresser le visage en poussant doucement de côté les cheveux qui lui barraient le front et les yeux, afin que chacun vît que c'était un enfant humain et non point un chien ni un singe ni un démon, et ses caresses eurent le même effet que sur n'importe quelle créature douée de sensibilité : la respiration de l'enfant s'apaisa, et ses yeux se perdirent dans le vague. […] Pendant un instant, l'enfant demeura là, puis il saisit la main que lui tendait le commissaire et, tranquillement, il se leva. »

Tom Coraghessan Boyle, *L'Enfant sauvage.*

Vous venez de comprendre que la conception de la sensibilité varie d'une époque à l'autre, d'un pays à l'autre, qu'elle est donc une « construction sociale » ou un montage culturel, rien de plus. Ainsi, l'hypersensibilité n'existe que dans le regard de l'autre, en fonction de sa propre conception de la sensibilité, des critères de ce qui pourrait lui sembler excessif, de son jugement sur vous, de sa gêne ou de son envie face à votre sensibilité. Oui, comme tout trésor, votre grande sensibilité fait des envieux : on vous envie d'être aussi sensible, d'*être aussi vivant*, donc on vous en veut et on vous le fait payer, d'une façon ou d'une autre. D'autant que le système ambiant s'est enfermé dans un refus de la sensibilité, et ce rejet le dévitalise de plus en plus, au point qu'il est en crise profonde depuis des décennies, sans trouver comment en sortir !

« Un *système* est un dispositif complexe, dont toutes les articulations, solidaires et interdépendantes, forment un tout organisé et clos sur lui-même. Sa remise en question, ou même sa lecture critique, en sont rendues particulièrement difficiles, voire impensables », écrit Olivia Gazalé. Elle précise encore : « L'extraordinaire puissance suggestive de l'idéologie virile tient au fait qu'elle ne structure pas seulement les rapports de domination entre les sexes, mais également la représentation du monde[1]. » En effet, l'idéologie viriliste pose arbitrairement l'infériorité de la femme, de l'homme sensible et de tout être en décalage avec la norme. Cependant, en procédant de la sorte, les individus, familles, groupes, communautés et cultures qui excluent la sensibilité se sabordent eux-mêmes.

Le premier basculement salvateur que vous puissiez vivre, le plus beau cadeau que vous puissiez vous offrir, est donc de choisir de considérer votre sensibilité autrement : comme un bienfait, un potentiel et un atout.

Peu importe le temps que cela prendra pour le mettre en pratique, l'essentiel est déjà de le choisir. En revanche, si vous ne souhaitez pas encore opter pour ce choix bénéfique, vous pouvez poser ce livre et le reprendre quand vous serez prêt !

1. Olivia Gazalé, *Le Mythe de la virilité*, *op. cit.*, p. 50-51.

5. Croire en ses intuitions

« Rien de bon n'est jamais sorti des reflets de l'esprit se mirant en lui-même. Ce n'est que depuis que l'on s'efforce d'étudier les phénomènes de l'esprit en prenant le corps pour fil conducteur, que l'on commence à progresser. »
Friedrich NIETZSCHE

J'avais dix-neuf ans lorsque j'ai commencé à méditer. Cela m'est venu tout naturellement après une longue discussion avec une amie, Sabrina, qui pratiquait le taï-chi-chuan. Elle m'avait conseillé de lire un petit livre, *Le Zen dans l'art chevaleresque du tir à l'arc*, écrit par le professeur de philosophie allemand Eugen Herrigel, après avoir vécu au Japon. Puis, j'ai découvert Taisen Deshimaru et j'ai commencé à pratiquer la méditation zen quotidiennement pendant une quinzaine d'années. À un tournant de ma vie, vers trente-quatre ou trente-cinq ans, une autre amie, Deva, revenant d'un très long séjour en Inde, m'a parlé d'Osho, qui avait été son gourou. J'ai progressivement évolué vers une forme beaucoup plus libre de méditation. Des années plus tard, je médite encore jour après jour. Seul, ou avec mon compagnon. Cela fait plus de trente-cinq ans maintenant.

Vers vingt et un ans, encore sur les conseils d'une amie qui était comédienne, j'ai aussi eu la chance d'apprendre la méthode Vittoz auprès de Geneviève Esmenjaud. Cette pratique permet réellement de retrouver la fraîcheur et la vivacité de la sensorialité épanouie, de « regarder comme l'enfant au réveil », ce qui est véritablement merveilleux. La méthode, mise au point par le médecin suisse Roger Vittoz, est une thérapie psychosensorielle destinée à équilibrer le cerveau, notamment par la conscience de ce que nous sentons, expérimentons et pensons. Il s'agit d'une thérapie de « pleine conscience » avant la lettre, même si elle va beaucoup plus loin. Je continue à la pratiquer régulièrement.

C'est vrai que la méditation transforme une existence ; elle « change la vie », mais pas de façon miraculeuse ou spectaculaire. Cela se passe très graduellement, tout en nuances progressives, et ce n'est jamais fini… Aussi, la grande mode actuelle de la méditation est-elle déroutante pour celles et ceux qui, comme moi, méditent journellement depuis très longtemps, car nous avons l'habitude d'une *pratique simple, silencieuse, corporelle, donc uniquement concrète*, qui n'a rien à voir avec les discours de plus en plus intellectuels, compliqués, démagogiques ou idéologiques, parfois même dogmatiques, que l'on entend et lit de plus en plus[1]. Je trouve que cela est vraiment dommage et souhaite un retour à la simplicité, humble, paisible, réconfortante, joyeuse et lumineuse de la pratique corporelle de la méditation. Comme le yoga, le qi gong et le taï-chi-chuan, loin des discours et des dogmes, la méditation peut vraiment aider les âmes sensibles au quotidien. Je vais vous dire peu à peu comment, en prenant d'abord le temps de faire un peu de ménage pour y voir plus clair. Commençons par la question très peu soulevée de la validité des études qui sont présentées au grand public.

Les études scientifiques sont-elles fiables ?

Beaucoup de personnes ont l'habitude d'affirmer que leurs pensées sont dans leur tête, mais aucune échographie du crâne, aucun scanner du cerveau, aucun chirurgien n'ont jamais pu localiser, voir ou

1. Christophe André est un des seuls à faire exception, ainsi que Reginald Ray, déplorant une forme intellectuelle de méditation en Occident et un bouddhisme dévoyé par le dualisme corps-esprit, et Rupert Spira, que l'on peut découvrir dans la vidéo *Meditation is What We Are, not What We Do* : *https://youtu.be/v904MRltE4E*.

toucher la moindre pensée « dans la tête ». Il s'agit d'un exemple parmi des milliers d'idées fausses, sur l'être humain en général et la psychologie en particulier, qui circulent massivement et que nous ne remettons jamais en cause tant nous y sommes habitués. Cet ensemble d'erreurs nous maintient dans l'ignorance, la souffrance et, parfois même, le malheur. En psychologie, des croyances infondées envahissent les esprits, à commencer par celles sur la résilience, le narcissisme, l'ego et y compris sur la douance et l'hypersensibilité. D'ailleurs, avez-vous remarqué que chacune et chacun en a sa propre définition ? Il est très difficile de se comprendre et de s'y retrouver.

Le mieux serait donc de pouvoir s'appuyer sur les travaux que l'on dit « scientifiques » ; or dans ce domaine également, un grand nombre d'études ne sont pas fiables. Ainsi, pendant plus de cinquante ans, nous avons entendu que le cholestérol était préjudiciable pour la santé cardiovasculaire. Puis, on nous a appris qu'il existait un « bon » cholestérol et un « mauvais », un peu comme pour les émotions… Maintenant, il semblerait que le cholestérol ne soit pas vraiment en cause.

Dans le domaine de la psychologie grand public, malgré l'absence d'étude sérieuse, on a massivement répandu l'idée que certains individus utiliseraient l'hémisphère gauche de leur cerveau tandis que d'autres privilégieraient l'hémisphère droit. De 2010 à 2012, une étude rigoureuse a été menée par plusieurs chercheurs de l'université d'Utah aux États-Unis. Les résultats indiquent que *le cerveau est asymétrique mais qu'il n'est pas latéralisé.* Ils ont observé de très nombreuses images du cerveau par résonance magnétique, auprès d'un échantillon de 1 011 personnes, pour déterminer s'il existe une latéralisation fonctionnelle du cerveau, improprement appelée « dominance ».

« Les résultats montrent sans équivoque que l'hémisphère droit est autant activé que le gauche. [...] Certaines fonctions mentales sont localisées dans un seul des hémisphères, explique Jeff Anderson, le directeur de l'équipe, mais nos résultats montrent que les individus ne font pas fonctionner un hémisphère plutôt qu'un autre. Il existe bien des individus plus logiques ou plus artistiques que d'autres, mais cela ne signifie pas qu'ils soient plutôt "cerveau gauche" ou "cerveau droit"[2]. »

2. Jared A. Nielsen, Brandon A. Zielinski, Michael A. Ferguson, Janet E. Lainhart, Jeffrey S. Anderson, « An Evaluation of the Left-Brain vs. Right-Brain Hypothesis with Resting State Functional Connectivity Magnetic Resonance Imaging », *Plos One*, 2013 : *doi.org/10.1371/journal.pone.0071275*.

Aussi, certaines particularités cérébrales prêtées aux « hyperpenseurs », « surdoués » ou « hypersensibles », sont des mythes qui n'existent que dans l'imaginaire collectif. Ces fausses informations ont été abusivement relayées par certains auteurs, mais elles ne correspondent en réalité à aucun fonctionnement cérébral particulier.

En revanche, des auteurs faisant preuve de davantage de rigueur, comme Clotilde Poivilliers, donnent des informations plus complètes sur la réalité des individus à « haut potentiel », « zèbres » ou « surdoués ». D'après ses recherches, ces individus bénéficieraient d'une pensée complexe, à la fois globale et détaillée, simultanément analogique, arborescente et systémique, activant *en même temps* les deux hémisphères cérébraux, qui travaillent de concert[3]. C'est également le cas pour les ultrasensibles, capables de développer leur intelligence sensible, tout en différenciant empathie et contagion émotionnelle, autant que résonance et amplification de leurs ressentis.

Enfin, il a été montré de nombreuses fois que tout un chacun peut développer une « pensée en arborescence », d'autant plus qu'elle correspond à la façon de réfléchir du monde contemporain, par opposition à celle, analogique, qui l'a précédée durant

3. Clotilde Poivilliers, *Zèbre zen*, Eyrolles, 2020.

toute l'époque moderne[4]. Il serait donc bienvenu que les formes atypiques de pensée – systémique, intuitive, globale, en arborescence – soient favorisées et développées durant toute la scolarité, dès l'école maternelle.

Le cerveau n'est jamais, en soi, la cause d'un comportement. Son activité reflète nos façons de penser, de sentir et d'agir, nos attitudes, comportements et habitudes. Il en va de même pour notre patrimoine génétique. Comme le confirment de plus en plus de scientifiques, nos gènes ne sont pas un destin. Ils se manifestent diversement et évoluent, car ils entrent continuellement en interaction avec notre environnement naturel et culturel, notre histoire, nos modes de vie, y compris nos régimes alimentaires… Ils peuvent même être transformés par nos traumatismes[5].

En pratique, nous verrons que les thérapies psychosomatiques qui permettent d'équilibrer l'ensemble du cerveau en harmonie avec le corps dans sa globalité, à travers l'accueil des sensations, se révèlent très utiles et efficaces, en particulier pour les grands sensibles[6].

---

4. *Cf.* Olivia Gazalé, *Le Mythe de la virilité*, *op. cit.*
5. Voir, entre autres, les recherches de Bruce Lipton, Jeremy Howick, Bessel van der Kolk, et de leurs équipes.
6. Je développerai cette piste dans la troisième partie.

Pourquoi les études ne sont pas sûres ?

« Les humains ne sont pas des machines et nous ne devrions pas les traiter comme telles », affirme l'anthropologue médical et botaniste américain Daniel Moerman[7]. Et comme vous n'êtes pas une machine, voici ce que vous devez savoir pour ne plus croire aveuglément aux études que l'on vous impose comme preuve, en vue de vous convaincre sans vous laisser réfléchir par vous-même ou vous appuyer sur votre propre expérience.

Les biais de publication

Les recherches publiées ne mentionnent quasiment jamais les tests dont les résultats sont négatifs, et l'actuelle course à la performance ne va pas arranger les choses. Nous n'avons donc accès qu'aux recherches dont les résultats satisfont non seulement les chercheurs eux-mêmes, mais aussi leurs patrons, leurs institutions, et surtout les sponsors qui financent leurs études. Sans oublier que les gouvernements et les administrations peuvent aussi faire pression.

Malheureusement, d'après les épidémiologistes, dont le métier est d'évaluer la qualité des recherches, des

7. Dylan Evans, *Placebo: Mind Over Matter in Modern Medicine*, Oxford University Press, 2004.

méthodologies et des traitements, les spécialistes eux-mêmes ont souvent bien des difficultés à repérer les biais cachés des études scientifiques de leur discipline[8].

Par exemple, très fréquemment, les études proposent des taux relatifs et non des moyennes réelles, ce qui grossit les résultats en les rendant d'autant plus impressionnants[9].

Enfin, aucun de nous ne correspond à une statistique, une moyenne ou une règle générale. Nous sommes chacune et chacun des exceptions, avec nos spécificités bien particulières. C'est d'ailleurs ce que met en évidence la pratique de la nutrition individualisée, confirmée par des études israéliennes sur les comportements alimentaires : les aliments ou les régimes qui conviennent à l'un ne conviennent pas forcément à l'autre, et réciproquement[10].

Les conflits d'intérêts

Si comme moi vous vous intéressez à l'alimentation ainsi qu'à ses effets sur la santé physique et

8. Voir Jeremy Howick (2017), *Docteur Vous : les bases scientifiques de l'autoguérison*, Les Éditions de l'Homme, 2019, p. 46 et suivantes.
9. *Idem.*
10. Voir les publications d'Eran Segal et de son équipe, qui montrent notamment la primauté de l'environnement sur les gènes : *https://genie.weizmann.ac.il/selected.html*.

psychique, vous devez parfois vous sentir perdus, car nous pouvons lire tout et son contraire dans la même journée de recherches. Qui n'a pas entendu ou lu le pire et le meilleur sur le sucre, le café, le thé, le chocolat ou certains corps gras ?

Le mieux est alors de vérifier très attentivement les sources autant que les entreprises qui soutiennent les recherches. Évidemment, l'industrie du sucre ou celle du tabac financent les études qui sont favorables aux produits qu'elles commercialisent ; cela fait même partie de leur stratégie marketing. Ce biais est maintenant bien connu en ce qui concerne l'industrie pharmaceutique, dont les cadeaux offerts aux médecins, repas gastronomiques, séminaires fastueux, colloques prestigieux, voyages luxueux, etc., sont désormais tristement célèbres.

Fantasmes et intérêts personnels

Il reste à nommer des entraves beaucoup plus fréquentes, celles de nos intérêts personnels, de nos fantasmes, de nos ambitions, de nos cultures aussi. En tant que chercheur, si je trouve une idée qui me tient à cœur, je vais tout mettre en œuvre pour prouver sa véracité. À plus forte raison si mon hypothèse vient confirmer une de mes croyances fondamentales. Ainsi, les personnes qui croient à la prédestination

– ce qui est le cas des protestants calvinistes aux États-Unis – vont avoir tendance à vouloir expliquer les phénomènes physiques ou psychiques par le biais de la génétique. Au contraire, d'autres cultures, en Europe par exemple, vont plus insister sur l'histoire de la personne. Enfin, les cultures orientales et surtout asiatiques n'accordent pas d'importance à l'individu, elles vont donc influencer d'autres types de recherches allant dans le sens du primat de la communauté ou de la dissolution de l'ego.

De surcroît, je peux également avoir tendance à donner raison à mes fantasmes, notamment mes fantasmes défensifs, construits lors d'épisodes douloureux de mon existence. Si j'ai été moqué et dévalorisé du fait de ma sensibilité exacerbée, je peux passer toute mon existence à vouloir prouver – y compris par des études dites « scientifiques » – que cette forte sensibilité fait de moi une personne meilleure ou « supérieure », en tout cas plus intéressante et de grande valeur !

Enfin, nous nous libérons très lentement de nos professeurs, de nos mentors et de nos thérapeutes. Ce qu'ils nous ont affirmé peut devenir une sorte de texte sacré que nous ne devons pas trahir, de même que nous ne voudrions pas les décevoir. Cela entraîne chez de très nombreuses personnes une habitude à penser selon les critères d'un individu (ou d'un groupe) qui fait autorité. Dans tous ces cas de figure, nous oublions de penser par nous-même, à partir de nos expériences réelles.

Ce détour un peu long est fondamental pour la suite de ce que je souhaite vous présenter. Au fond, la recherche nous apprend que rien n'est définitif, que ce qui est affiché comme sûr aujourd'hui ne le sera peut-être plus demain… En réalité, nous avons tout intérêt à *nous fier à nos propres observations et à nos expériences.* C'est exactement ce que nous devons faire si nous voulons retrouver notre puissance personnelle, notre puissance sensible.

6. Reconnaître la diversité des hypersensibles

« Nos opinions ne sont rien devant notre sensibilité. Il y a des choix de l'instinct, des élections intimes. Je laisse à d'autres le privilège d'être raisonnables, logiques et déductifs. Moi je n'ai que des tendresses et des blessures. »

François TAILLANDIER

Je me reconnais entièrement dans ces propos de François Taillandier, mot pour mot. Je ne sais pas si c'est le cas pour vous ? Pas forcément, bien entendu, car nous sommes toutes et tous différents. La vie et la nature sont constituées d'infinies diversités. Chacune, chacun, nous avons nos façons spécifiques de vivre notre sensibilité, quelle qu'elle soit. La biodiversité existe aussi dans le vaste monde de la sensibilité humaine, et c'est tant mieux.

Chacun son chemin

Je connais des individus extrêmement sensibles, originaux et passionnants qui ne se reconnaissent pas dans l'hypersensibilité. Ils refusent ou rejettent l'étiquette « hypersensible ». Elle leur donne de l'urticaire ou même des « envies meurtrières[1] ». J'ai déjà parlé également de celles et ceux qui préfèrent se définir comme « sensibles », tout simplement. Je connais d'autres personnes, tout aussi merveilleuses, qui se retrouvent dans l'appellation « hypersensible », comme Évelyne Grossman, ou Marie-France de Palacio. Livre après livre et dans ses trop rares entretiens, cette dernière décrit remarquablement sa haute sensibilité, avec une sincérité précieuse et une exactitude rare, qui l'aident à préciser toutes les nuances de ses ressentis[2].

Qui a raison ? Les uns comme les autres. Qui a tort ? Personne ! Leurs choix mettent en lumière leur subjectivité, la manière singulière dont ils vivent leur existence et tentent de la raconter. Toutes et tous me touchent dans leur quête d'authenticité.

Enfin, je rencontre des personnes en souffrance qui collectionnent les étiquettes, comme des médailles

1. Carlos Tinoco, « "Hypersensible", une étiquette simpliste et mortifère », *Chemins*, n° 4, juin 2020, p. 34-35.
2. Marie-France de Palacio, « Grand entretien », *Chemins*, n° 4, juin 2020, p. 112-118.

épinglées à leur costume, des distinctions mises en avant sur leur moi social : elles se disent « hypersensibles », « surdouées », « résilientes », etc. Plus elles souffrent, plus elles s'accrochent à ces étiquettes… Même si je ne suis pas sûr de bien comprendre leur volonté d'affirmation dans la surenchère ou dans la différenciation systématique avec les autres pour se montrer, au fond, supérieures, ou meilleures en tout cas, je me dis qu'elles sont en chemin, comme chacune et chacun de nous, et qu'elles finiront par trouver un plus juste équilibre.

Une sensibilité élevée

Une fois posées ces différentes façons de se définir, et sans y accorder trop d'importance, voici quelques repères pour celles et ceux qui se sentent plus sensibles que leur entourage ou en décalage avec leur environnement.

La haute sensibilité peut se définir comme une forme de sensibilité plus élevée que la moyenne ou que la « norme » imposée par la société dans laquelle on évolue. Comme nous n'avons pas d'instrument de mesure pour évaluer ce degré de sensibilité, l'évaluation dépend du contexte familial ou culturel et des personnes elles-mêmes, chacune ayant ses propres critères. Les études les plus récentes en Europe comme en Amérique du Nord estiment que les personnes hautement sensibles représentent environ 30 % de la population, donc presque une personne sur trois. Les chercheurs repèrent certaines manifestations récurrentes, présentes chez la plupart des individus plus sensibles.

Il existe cinq grandes manifestations d'une sensibilité élevée :

- *Le traitement en profondeur des informations.* Il se manifeste par exemple lors d'une prise de décision, que ce soit pour faire un achat anodin ou pour une question existentielle. Une personne très sensible a tendance à vouloir peser le pour et le contre dans les moindres détails. Ce processus minutieux requiert beaucoup de temps et d'énergie.
- *La surstimulation.* La personne hautement sensible se sent souvent débordée. Elle se trouve surstimulée plus facilement et plus rapidement qu'une autre. Elle s'épuise mentalement, physiquement et peut souffrir d'un fort niveau de stress.
- *La réceptivité émotionnelle.* Les personnes hautement sensibles sont caractérisées par une grande réactivité émotionnelle, que la situation leur soit favorable ou défavorable. De ce fait, elles sont plus affectées par les commentaires, les critiques ou les

reproches à leur égard, ce qui les rend particulièrement attentives et précises.

- *Une perception fine des nuances.* Un individu hautement sensible est très observateur. Il remarque un grand nombre de subtilités. Il prête une attention soutenue aux moindres détails. Il est extrêmement conscient, non seulement de son environnement, mais aussi de ce qui se passe en lui. On peut donc dire qu'il est hautement conscient ou ultra-conscient.
- *La sensibilité avantageuse.* Elle désigne la capacité à mieux profiter des situations favorables, des événements agréables et des moments heureux. Cette forte réceptivité à la qualité de l'environnement et des relations implique que *les personnes hautement sensibles ne sont pas résilientes*[3]. Plusieurs études le prouvent, confirmées par l'expérience clinique. Grâce à cette non-résilience, elles bénéficient durablement des joies de leur existence, de la présence de leurs proches, du soutien qu'on leur apporte, de l'affection qu'on leur témoigne ; elles s'émerveillent, s'enthousiasment, se passionnent, etc.

3. Il s'agit des définitions scientifiques de la résilience, comme réaction à un traumatisme, pas des nouvelles façons plus générales d'utiliser ce mot, par exemple comme une « flexibilité de pensée » ou une « capacité de se renouveler ».

Comme une éponge

Une personne hautement sensible vit « sans filtre », c'est-à-dire que les informations arrivent en masse à tous les niveaux de sa sensibilité : sensations, émotions, sentiments, intuitions, etc. Cela fait beaucoup à la fois. Rapidement, cette personne est trop stimulée : elle fait alors l'expérience d'une saturation. Les individus très sensibles connaissent bien ce phénomène. Dans une foule, dans un centre commercial, au restaurant, au travail, dans les transports en commun, lors d'une réunion, d'un rassemblement, ou dans certaines situations stressantes, arrive un moment où ils sentent que c'est trop. Ils ont besoin de repos et de détente pour se retrouver. C'est la seule chose qui permette de faire baisser le niveau de stimulation, donc de saturation.

À quel moment de la vie apparaît cette caractéristique ?

Aux États-Unis, Elaine Aron fait l'hypothèse que la sensibilité élevée pourrait avoir une origine génétique. Elle demande tout de même de ne pas accorder trop d'importance à cette piste, en rappelant que notre environnement et notre histoire entrent aussi largement en jeu comme origines de la haute sensibilité. En Europe, nous avons une autre hypothèse, selon laquelle tous les enfants naissent ultrasensibles, naturellement empathiques, intuitifs, créatifs, et le restent jusqu'à sept ans au moins. Leur éducation, les aléas de la vie et l'énorme pression de normalisation sociale les poussent à abandonner une partie de leur grande sensibilité native pour s'adapter aux exigences sociales, économiques et culturelles. Un peu plus de 30 % d'entre eux resteraient hautement sensibles. Enfin, les recherches sur le traumatisme, menées notamment au Trauma Center de Boston, prouvent que les traumas graves génèrent une « hypersensibilité réactionnelle ». On peut donc devenir hypersensible à tout âge.

Guérir de ses traumas

Il y a quelques années, mes recherches portant sur les traumatismes, j'étais convaincu que l'on pouvait en guérir avec une longue thérapie en profondeur ou une histoire d'amour durable. Cela s'est révélé vrai pour beaucoup de mes patients. En revanche, certains traumas graves, liés à des catastrophes humaines comme les génocides, les guerres, le terrorisme, la torture, le viol, l'inceste, la maltraitance, laissent des séquelles profondes. Des études réalisées aux États-Unis révèlent que 25 % à 30 % des enfants ont subi des négligences ou des maltraitances de la part de leurs parents. Ces enfants en souffrance sont extrêmement sensibles. Ils éprouvent des difficultés à réguler leur humeur et à accueillir leurs émotions[4]. Force est de constater que cette proportion correspond à celle des individus hautement sensibles.

Une autre étude précise que les individus ayant subi un traumatisme sont très attentifs aux visages, aux voix, aux postures. Ainsi, les enfants maltraités réagissent intensément aux expressions faciales, y compris lorsqu'on leur montre des photographies[5]. Il se trouve que cette caractéristique correspond à l'une des manifestations majeures de la haute sensibilité.

Aujourd'hui, avec plus d'années d'expérience, je répondrai donc, pour être honnête : oui, il est possible de réduire la sensibilité exacerbée d'une personne traumatisée, dans une proportion encourageante, mais sa sensibilité peut être de nouveau à vif du fait de stress toxiques ou prolongés, d'un burn-out, ou à la suite de nouveaux chocs émotionnels, comme l'annonce d'un décès, d'une maladie,

---

4. Neil W. Boris, Michael Fueyo, Charles H. Zeanah, « The Clinical Assessment of Attachment in Children Under Five », *Journal of the American Academy of Child and Adolescent Psychiatry*, 36, n° 2, 1997, p. 291-293.
5. Seth D. Pollak et *al.*, « Recognizing Emotion in Faces : Developmental Effects of Child Abuse and Neglect », *Developmental Psychology*, 36, n° 5, 2000, p. 679.

d'une rupture, d'un licenciement, etc. Nous devons rester humbles devant la réalité.

L'intelligence sensible

Albert Einstein affirmait penser dans son corps, dans ses muscles. De même, le peintre Jean Fautrier constatait : « La sensibilité est l'intelligence véritable. » Voilà une phrase à retenir. C'est tellement vrai ! La reconnaissance de cette réalité libère de la pression immense qui pèse sur les enfants à l'école jusqu'à l'université, surtout pour celles et ceux qui font des classes préparatoires puis des grandes écoles. On voudrait nous faire croire à une intelligence insensible, uniquement rationnelle, mentale, ce qui n'est pas possible. Cette reconnaissance de la sensibilité comme intelligence véritable libère aussi du fantasme du test de quotient intellectuel, de plus en plus critiqué, qui sert à distinguer artificiellement une catégorie à part, alors que la vie humaine est faite pour être partagée de façon solidaire, conviviale, dans l'abondance, en dehors de toute hiérarchie et de toute croyance élitiste : « L'enfant qui dit "je n'ai pas compris" rend service à toute sa classe. Quand on raisonne vite, on fait semblant. Pour comprendre, il faut du temps. Je m'insurge contre le calcul du quotient intellectuel. L'intelligence ne se gradue pas. Elle a de multiples facettes, parmi lesquelles la capacité à imaginer, à s'intéresser[6]. »

Sensibilité et intelligence vont de pair, elles sont inséparables. Il existe de nombreuses personnalités atypiques, c'est évident, mais elles sont encore plus originales et plus prometteuses qu'elles veulent bien le croire. Les enfermer dans une catégorie à part ne les aide pas, et les réduire aux résultats d'un test est même insultant !

Par ailleurs, je ne cautionne pas la façon moralisatrice dont certains auteurs américains ont construit la notion d'intelligence émotionnelle, avec des émotions qui seraient « négatives ». Toutes nos émotions sont bonnes, car elles viennent de nous, de notre expérience vécue. Elles sont humaines. Elles sont les fleurs de notre sensibilité. Elles nous informent sur ce que nous sommes en train de vivre. Voilà pourquoi, en réalité, on ne peut pas « gérer ses émotions » ; on peut seulement les accueillir, les vivre, les écouter et les remercier. Sinon, on ne fait que les réprimer ou, pire, les nier ; et vraiment, ce n'est pas faire preuve d'intelligence…

6. Albert Jacquard, conférence donnée en juillet 2004.

Les risques de l'adaptation

La grande question pour les individus sensibles est de se faire accepter et respecter par leurs proches, leur environnement, à l'école ou au travail, dans les administrations, à l'hôpital, en politique, etc. On leur reproche fréquemment d'être différents, trop expressifs, émotifs, pas assez rationnels, pas assez rangés, sans retenue, etc. Ils ne correspondent pas aux normes sociales médiocres d'un monde qui est devenu froidement technologique et managérial. Ces reproches pèsent encore plus sur les hommes, puisque l'on n'est pas encore assez habitué à voir un homme pleurer, faire preuve de délicatesse ou exprimer sa vulnérabilité. De ce fait, j'entends souvent dire que le combat pour faire reconnaître et accepter la sensibilité élevée est similaire à la lutte des femmes qui veulent être respectées et faire valoir leurs droits. Ce rapprochement est très intéressant, il prouve bien que la question de la haute sensibilité est aussi politique.

S'adapter pour survivre correspond à la problématique centrale de la personne atypique, mise en évidence par Alice Miller dans *Le Drame de l'enfant doué*, maintes fois reprise depuis. Ce drame, repéré par Jung quelques décennies plus tôt, consiste à devenir malade en s'adaptant à une société malade. En répondant aux exigences de nos parents, de nos professeurs, de nos responsables, collègues ou proches, en voulant devenir conforme aux standards de la société, nous nous éloignons de nous au risque de nous perdre. Nous nous déconnectons de nos ressources profondes, de nos aspirations réelles et nous devenons des pantins ou des singes savants. Cette désubjectivation, ou dénaturation de notre être véritable, provoque beaucoup d'insatisfactions, de doutes, de souffrances, de déprimes, voire de maladies. Elle prédispose au burn-out...

Parmi ces stratégies d'adaptation, la pire est celle de se désensibiliser, de nier, d'étouffer sa sensibilité pour ne plus avoir à sentir la douleur de s'être abandonné soi-même. On retrouve ici cette incompatibilité de fait entre sensibilité élevée et résilience, comme une sorte de choix radical : soit je reste sensible, soit je me blinde. L'abandon de soi devient alors trahison de son âme, de son essence. Le risque de devenir autoritaire, cynique ou pervers est aussi fort que réel. Parmi les psychopathes, les sociopathes, les paranoïaques se trouvent beaucoup d'individus qui se sont amputés de leur sensibilité. L'enjeu est donc immense.

Des victimes nées ?

Pour Albert Camus, mal nommer les choses contribue au malheur du monde. Comme c'est vrai ! Du fait de la nouvelle mode de l'hypersensibilité, on a vu apparaître une foule de nouveaux faux experts, n'ayant aucune formation sérieuse et ne faisant pas de recherches sur la sensibilité élevée. Ces spécialistes autoproclamés répandent des idées fallacieuses, qui brouillent les repères. Ils profitent de cette vogue pour augmenter leur notoriété et gagner de l'argent. Parmi les idées fausses qu'ils propagent, vient une construction fantasmatique qui s'est rapidement transformée en superstition : les hypersensibles seraient la cible privilégiée et impuissante des pervers. Cette opinion crée une dualité artificielle entre les pauvres gentilles victimes d'un côté et les méchants bourreaux de l'autre.

Certes, la perversion et la manipulation existent, souvent masquées derrière la bienséance et la normalité. Pour autant, d'une part *certaines personnes hypersensibles sont perverses.* C'est une réalité regrettable mais indéniable, qui casse le mythe flatteur de l'hypersensible au-dessus de tout soupçon. D'autre part, les pervers s'en prennent à toutes les personnes qui sont prêtes à se laisser abuser : par naïveté, inexpérience, gentillesse, ignorance, aveuglement, soumission ou masochisme. Enfin, les individus hautement sensibles qui sont sous l'emprise d'un manipulateur sont capables, tout comme n'importe qui, de se libérer de cette emprise.

Apprendre aux enfants à ne pas se couper de leur sensibilité

Concernant les enfants, on sait aujourd'hui grâce aux travaux de nombreux chercheurs, notamment au Centre du développement de l'enfant de l'université de Harvard, que tous les apprentissages se passent incomparablement mieux si les enfants acquièrent déjà de bonnes compétences d'action, comme s'organiser, prévoir, persévérer, travailler avec d'autres, écouter, demander de l'aide, etc. Les résultats scolaires ne viennent qu'après, comme une conséquence naturelle.

Bien sûr, en complément, on ne peut qu'encourager les enfants et les adolescents à exprimer leur sensibilité et à développer leur créativité ; on peut les aider à trouver les mots justes pour parler de leurs émotions, leurs sentiments et leurs intuitions ; on peut les féliciter pour leur bienveillance et leur empathie naturelles. N'oublions pas que tous les bébés manifestent naturellement de l'empathie, comme le prouvent l'observation directe ainsi que des études sérieuses. Alors, ne gâchons plus le *haut potentiel sensible* des enfants et laissons-les développer leur sensibilité singulière, chacune et chacun à sa façon…

Le pédiatre américain Thomas Boyce repère des enfants plus vulnérables, auxquels on doit accorder une attention particulière et des soins soutenus, qu'il appelle les « enfants orchidées ». Ils grandissent merveilleusement dans un environnement qui les écoute, les respecte, les soutient. Boyce conclut en disant que nous sommes toutes et tous fondamentalement des orchidées, que nous méritons les meilleurs soins et la plus grande bienveillance[7]. Voilà pourquoi on entend et on lit de plus en plus souvent que les sensibles sont l'avenir du monde !

7. W. Thomas Boyce, *L'Orchidée et le Pissenlit*, Rober Laffont, 2020.

7. Choisir sa vie

« Quiconque s'identifie à un territoire, à une religion,
à une croyance, à une idéologie, à une ethnie,
à une langue, à une mode ne fait que se dépouiller
de sa singularité, de sa vraie et inépuisable richesse,
de ce qui est le plus vivant et le plus humain en lui. »
Raoul VANEIGEM

En résumant cette pensée clairvoyante du professeur de littérature belge Raoul Vaneigem[1], on peut affirmer que quiconque s'identifie à autre chose qu'à lui-même se prive de sa véritable puissance… Or, nous avons tous tendance à le faire, plus ou moins. Pourquoi ? Parce que nous sommes impressionnables, bien sûr, influençables aussi, mais surtout parce que nous sommes largement et profondément conditionnés. Alors, nous oublions qui nous sommes vraiment ou qui nous voudrions devenir.

---

1. Raoul Vaneigem, *Pour l'abolition de la société marchande, pour une société vivante,* Rivages, 2004.

En réalité, nous ne sommes ni la somme de nos comportements, ni même qui nous croyons être. *Plus nous voulons définir volontairement notre identité* en déclarant être comme ceci ou comme cela, notamment à partir d'étiquettes et de catégories toutes faites, plus nous nous figeons dans une identité d'emprunt, plus nous nous enfermons, *plus nous amenuisons nos chances d'équilibre et d'épanouissement.*

Notre identité profonde est majoritairement inconsciente. Pourtant, elle guide nos choix, nos orientations, nos croyances, nos doutes, jusqu'à nos échecs ou nos réussites. Elle correspond à nos motivations et à nos souhaits véritables. Prenons le temps d'explorer ce mystère pour y voir plus clair et mieux comprendre les résistances possibles à l'acceptation de notre sensibilité telle qu'elle est.

Nous sommes tous conditionnés

Knowledge is power, and practice is evolution, assurent de très nombreux coaches américains. On peut le traduire par : « La puissance vient de la connaissance et l'évolution de la pratique. » Pour le dire autrement, il ne suffit pas de savoir, s'exercer est indispensable : connaissance et pratique vont de pair.

En préparant l'écriture de cette lettre, j'ai lu énormément d'ouvrages sur la sensibilité élevée, mais aussi sur la médiation, le bonheur, la santé, etc. Je suis souvent étonné par beaucoup de discours creux et moralisateurs. Non seulement nous n'apprenons rien ou presque, mais surtout les auteurs nous disent comment nous devons vivre et ne pas vivre, ce que nous ne devons pas faire, ce que nous devons faire, comment le faire, comment nous astreindre à des disciplines et des ascèses : tout cela est le contraire du bonheur et de la santé ! Je souhaiterais donc pouvoir vous éclairer et vous aider, sans rien vous imposer. Surtout ne prenez aucun de mes mots et aucune de mes idées littéralement. Exercez votre liberté en tout ! Je ne fais que vous proposer des pistes. *C'est vous qui disposez…* comme bon vous semble et à votre rythme.

Nos croyances mènent la danse

Chacun de nous a des croyances différentes, issues de notre histoire et influencées par notre environnement. Ces croyances engendrent différentes interprétations de la réalité, donc des situations et des relations que nous vivons. Ainsi, les définitions de la sensibilité, du bonheur ou du paradis diffèrent selon les personnes. C'est notre conscience qui gouverne notre biologie, et non l'inverse, affirme le biologiste américain Bruce Lipton. Il affirme que nos croyances exercent une bien plus grande influence sur notre biologie que notre ADN et nos gènes[2]. Notre conscience est une énergie, capable de créer. Nous pouvons donc nous demander ce que nous voulons créer : l'amour, l'harmonie, la paix, la solidarité ou bien la compétition, le combat, la violence, les conflits, la destruction ? Et vous pouvez déjà très facilement avoir l'intuition de ce que seront votre santé et votre plaisir de vivre en fonction de ce que vous souhaitez créer.

Si nous ne sommes pas conscients de cette puissance que nous avons, nous nous laissons contrôler par le monde, la société, la culture et les modes, y compris les engouements psychologiques du moment qui nous envahissent l'esprit avec des injonctions déprimantes sur la disparition de l'ego, le contrôle des émotions et l'obligation de « positiver ». Nous restons coincés dans la peur, l'insatisfaction, des efforts à faire pour se changer, etc. En fait, même si cela semble confortable, c'est particulièrement dévitalisant de vivre en suivant les croyances et les interprétations des autres. Il s'agit d'une façon très répandue de s'abandonner soi-même, de se laisser tomber. Nous oublions que

2. Bruce H. Lipton, *The Biology of Belief – Unleashing the Power of Consciousness,* Hay House, (2005), rééd. 2015.

nous avons la puissance de créer pour nous-même une vie qui nous ressemble, qui respecte notre sensibilité et lui donne toute sa place.

Hypnose et répétition

En dehors d'une expérience nouvelle qui nous marque durablement, il existe deux principales façons d'apprendre : de façon inconsciente, sous hypnose, et grâce à la répétition, donc à la pratique. Avant sept ans, un enfant apprend principalement sous hypnose. Son cerveau est activé par des ondes lentes que l'on appelle les « ondes thêta », qui correspondent à l'imagination et facilitent la fantaisie, le jeu, la créativité sans limite.

Cette activité hypnotique facilite l'apprentissage du langage, mais aussi des milliers de règles que chaque enfant intègre à son insu, au quotidien, pour pouvoir vivre en société.

Pendant notre enfance, notre famille et notre environnement façonnent notre pensée, donc notre cerveau, en nous inculquant leurs propres règles et leurs croyances. Dans certaines familles, les croyances vont être plus aidantes et favorisantes que dans d'autres. La plupart des environnements induisent malheureusement des limitations, déjà à partir de phrases prononcées répétitivement ou à des moments critiques.

Ces formules sont acquises par l'enfant, il les considère comme des vérités, des lois de vie. Parmi celles qui sont particulièrement défavorables, on peut trouver : tu n'es pas capable ; le monde est dur ; la vie est un combat ; pour qui tu te prends, etc.

Les chercheurs en sciences cognitives estiment que nous sommes majoritairement influencés par notre inconscient et qu'il représente plus de 95 % de notre activité psychique. Celle-ci se trouve gouvernée à notre insu par l'ensemble des croyances et des schémas inconscients qui génèrent des automatismes. Restent donc 5 % de conscience, qui peuvent faire toute la différence. Le pouvoir de la conscience est immense puisqu'elle est *créatrice*.

Par exemple, si comme moi vous faites partie des gens qui se demandent régulièrement « Pourquoi je travaille si dur ? », en comparaison du bonheur, de la fortune et de la santé qui sont les vôtres, c'est que vos conditionnements (croyances, règles, visions du monde) vous sont (encore) défavorables.

Quelle est ma vision du paradis ?

Le mieux est de se demander dans quels domaines ou quelles situations nous sommes encore en train de batailler avec nous-mêmes, avec d'autres ou avec des systèmes – l'informatique ou l'administration, entre autres – *au lieu de vivre*, tout simplement. En d'autres termes, pourquoi cela ne coule pas de source ?

Bruce Lipton et ses collègues nous apprennent que nous ne savons peut-être pas encore vers quoi nous souhaitons évoluer, quelle existence digne de ce nom nous souhaitons vivre[3]. Plus spécifiquement, quels sont *nos désirs et nos aspirations* ? Quelle existence souhaitons-nous réellement ? Tant que je ne formule pas clairement pour moi-même, puis, pour les autres, mes désirs et mes aspirations, je ne peux pas créer une vie qui y corresponde. Et plus tardivement je commence ce processus, plus j'aurai d'occasions de regretter de ne pas vivre ma vie !

Si je vous écris cette lettre, c'est que je suis logé à la même enseigne que vous. Je n'en sais pas plus, je ne vais pas mieux, je ne suis pas encore complètement dans la vie que je souhaiterais profondément vivre. Je pense que c'est aussi un chemin que nous pouvons faire ensemble, à plusieurs, solidaires, les uns aidant les autres, plutôt que chacun pour soi, de son côté… Il me vient souvent cette image d'une farandole d'âmes sensibles, dansant dans les rues, les parcs, les jardins. Oui, nous sommes plus forts si

3. Voir la vidéo *https://youtu.be/e71exrhEBQc* (consultée le 29 juin 2020).

nous nous unissons ; nous devenons plus puissants, autant individuellement que collectivement.

L'effet lune de miel

Si nous n'apprécions pas notre conditionnement[4], parce qu'il nous dessert, nous pouvons le changer. En fait, aucun conditionnement n'est définitif ou inamovible. D'autant qu'aujourd'hui, les recherches convergent vers la confirmation d'une plasticité cérébrale à tout âge. Cela veut dire que notre cerveau peut se transformer grâce à la création de nouvelles connexions neuronales et de nouveaux réseaux de neurones. L'épigénétique confirme parallèlement une plasticité significative de nos gènes et encore plus de notre façon singulière de les utiliser. Bref, *nous pouvons changer de croyances pour changer de vie.* Ce n'est pas un slogan, c'est une réalité.

Lorsque nous tombons amoureux, nous devenons exceptionnellement présents, disponibles, enthousiastes, créatifs et les problèmes trouvent facilement leurs solutions. Nous sommes capables de déménager, de changer de travail, de voir les choses autrement, d'apprendre une nouvelle langue, et ainsi

4. Beaucoup de Nord-Américains parlent volontiers de « programme », par analogie avec un logiciel opérant dans un ordinateur. D'autres, comme Rob Williams, préfèrent utiliser le mot « conditionnement ».

de suite. « Tomber en amour », comme disent les Anglo-Saxons, nous rend particulièrement conscients. Nous vivons – enfin – le paradis sur terre et notre corps produit les hormones du bonheur[5] en quantité : l'abondance commence ainsi. Nous cessons de penser et agir automatiquement en suivant le cours de nos conditionnements, nous existons à partir de notre esprit conscient et nous créons notre véritable existence. Nous nous sentons bien, confiants, à l'aise, pleins de vitalité, heureux, joyeux même… D'ailleurs, nous pouvons vivre cet impact favorable au début d'une amitié, après un déménagement, lors d'un voyage ou en commençant un nouveau travail.

Tant que nous ne prenons pas conscience de cette puissance en nous, tant que nous ne tenons pas compte de ce pouvoir réel, nous restons les victimes de nos conditionnements, et non les créateurs de notre existence.

Enfin, selon Bruce Lipton, si nous vivons tous nos souhaits et nos désirs, qui concernent principalement l'amour, la paix, la joie, toute cette planète changera. « Nous vivrons dans l'harmonie, goûtant la sérénité,

5. « Pour les neurosciences, le bonheur est un savant mélange de dopamine, d'endorphines, d'ocytocine et de sérotonine » écrit le psychologue et hypnothérapeute Jean Doridot, dans *Le Bonheur est une science exacte*, Larousse, 2019, p. 15.

profitant de la beauté de la nature, de l'unité, du respect de l'environnement[6]. »

Les embûches sur le chemin

Concrètement, l'enjeu est alors de maintenir cet effet lune de miel dans la durée. Une des difficultés majeures réside dans une forme de *pessimisme intrinsèque*, présent en nous de façon peu perceptible. Selon certains neurologues, environ 70 % de nos conditionnements inconscients nous seraient défavorables… Bien entendu, cette proportion varie d'une personne à l'autre, mais elle est tout de même énorme !

En conséquence, nous vivons le plus souvent dans le stress, l'angoisse, l'inquiétude, les anticipations défavorables. Nous sommes sourdement rongés ou visiblement troublés par toutes sortes de peurs : d'être seul(e), de déplaire, de mal faire, de ne pas être à la hauteur, d'être rejeté(e), abandonné(e), trahi(e), de tomber malade, de mourir, etc. Nous souffrons, nous nous en plaignons, notre insatisfaction augmente et l'anxiété croît encore plus. Nous vivons sans cesse en état d'alerte, dans le stress. De ce fait, les agents inflammatoires s'installent dans notre corps.

6. Bruce H. Lipton, *The Honeymoon Effect : The Science of Creating Heaven on Earth*, Hay House, 2014.

On sait aujourd'hui que plus d'une dépression sur deux n'est pas liée à un faible taux de sérotonine dans le sang, mais à un état inflammatoire durable. Par ailleurs, de très nombreuses maladies chroniques, dégénératives ou graves découlent également de ces processus inflammatoires récurrents ou pérennes. Il est fort probable que certaines formes d'hypersensibilité le soient aussi, particulièrement celles qui sont liées à des maladies orphelines, dégénératives, auto-immunes, etc. N'oublions pas qu'en médecine, les termes « hypersensibles » et « hypersensibilité » désignent des intolérances ou un terrain allergique. Raison de plus de parler d'ultrasensibilité pour éviter toute confusion.

Pour nous libérer des stress toxiques et de la réponse inflammatoire qui en découle, nous devons déjà comprendre trois phénomènes qui pèsent lourdement en notre défaveur, surtout si nous sommes très sensibles : la honte, la tendance au pessimisme et les malédictions ou effets nocebo.

8. Avant toute chose : croire en soi

« J'ai longtemps rêvé de m'insensibiliser. La vie a de l'humour, et pour mon malheur, j'ai été exaucé. J'ai traversé une succession de drames qui m'ont coupé de moi-même. Et c'est probablement alors que j'ai été le plus malheureux. Je sais aujourd'hui que ce n'était pas la solution. D'une certaine manière, j'étais mort. »

Yor Pfeiffer

Vous vous êtes probablement aperçu, comme moi, que les personnes sensibles sont très largement douées d'un formidable *enthousiasme*, qui peut se transformer en amour rayonnant, en passion flamboyante, en excitation fébrile, en exaltation inspirée ou en ferveur lumineuse ! Est-ce pour cette raison que l'on nous traite volontiers d'idéalistes ? En fait, les grands sensibles sont extrêmement vivants, c'est aussi pour cela qu'ils dérangent…

Vous avez également remarqué que cet enthousiasme peut tomber sous le coup de critiques acerbes, de reproches appuyés, d'actions malintentionnées ou de toutes sortes de déconvenues. Pour autant, il demeure une qualité fondamentale de tous les ultrasensibles, dont beaucoup se reconnaissent comme étant optimistes.

La grande question qui se pose à nous est alors de comprendre ce qui peut quelquefois nous faire perdre cet optimisme, jusqu'à nous entraîner dans la spirale descendante de la dépréciation, puis dans quels environnements et dans quelles circonstances cela survient. Tout en écrivant cela, je sens déjà que nous allons avoir quelques bonnes surprises…

Pour réussir cette exploration, n'oubliez surtout pas que *la haute sensibilité n'est pas une pathologie* ; elle ne correspond pas à une maladie physique ou mentale. Aussi, lorsque nous souffrons, notre sensibilité nous renseigne sur nos souffrances, par le biais de sensations, d'émotions, de sentiments, d'images et d'intuitions ; pour autant, notre sensibilité – même très élevée – n'est pas la source de ces souffrances. Par moments, la sensibilité joue le rôle d'une caisse de résonance ou d'un amplificateur, mais elle ne crée pas nos souffrances. Cette distinction est cruciale, tant la confusion règne encore dans les esprits.

La tendance au pessimisme

Si les ultrasensibles sont optimistes, ils échappent à la règle commune qui voudrait que nous soyons tous affectés par ce que les Américains nomment le *negativity bias* ou « biais de négativité ». Là encore, nous sommes des atypiques qui échappent aux standards prônés par la science, non pas que nous ne soyons pas touchés par les remarques désagréables, ou les insultes, ou même les avis qui nous découragent, mais que ces attaques contre notre bonne humeur, notre enthousiasme et notre optimisme ne viennent pas de nous : elles surgissent de notre environnement. Il en va de même pour toutes les formes de stress intense ou durable. Le biais de négativité concernerait donc la société dans son fonctionnement habituel généralisé, environ 70 % de la population globale et – par contagion – les ultrasensibles sous le coup de déclarations dépréciatives ou de stress toxique.

Un biais de négativité ?

Pour le neuropsychologue nord-américain Rick Hanson, le cerveau se serait d'abord développé en vue de détecter toute forme de danger. « Notre cerveau est comme une bande velcro pour les expériences négatives, et il est recouvert de téflon face aux expériences positives. » Au-delà de la généralisation abusive, qu'est-ce que cette métaphore énigmatique signifie ? Le cerveau réagirait rapidement et énergiquement aux mauvaises nouvelles, beaucoup moins aux bonnes nouvelles, qui peuvent sembler sans enjeu vital ou social. Une conséquence de ce biais est que les mauvais souvenirs sont lestés d'une *charge affective* bien plus intense que celle des bons souvenirs, et restent gravés en nous[1].

Par conséquent, le corps réagit généralement plus intensément aux stimulations désagréables, principalement vécues comme menaçantes d'une façon ou d'une autre, qu'aux stimulations agréables même si elles sont tout aussi fortes. Les stimuli dits « négatifs » produisent plus d'activité neuronale, donc créent plus de réseaux neuronaux, orientés vers la fonction d'alerte. Les risques sont alors détectés plus facilement et plus rapidement. De même, les participants aux études identifient les visages tristes ou en colère plus vite que les visages heureux.

Plus précisément, la zone du cerveau appelé « amygdale » est un système d'alarme. Elle utilise environ les deux tiers de ses neurones pour rechercher les mauvaises nouvelles, ce qui expliquerait la tendance à être méfiant et pessimiste. Lorsque l'alarme est donnée,

1. Rick Hanson, « Confronting the Negativity Bias », *Psychology Today*, 5 September 2017.

les expériences déplaisantes sont rapidement stockées dans la mémoire, contrairement aux expériences plaisantes, qui ont besoin d'être conscientes pendant au moins une douzaine de secondes pour passer de la mémoire brève à la mémoire longue.

La sensibilité avantageuse

À l'inverse, les personnes hautement sensibles accordent une plus grande importance aux expériences favorables, aux environnements porteurs, aux soins énergétiques, à la bonté, la beauté, la spiritualité authentique, etc. Pour elles, la sensibilité se révèle être un avantage réel, donc un atout. Elles bénéficient d'une qualité fondamentale que j'ai déjà mentionnée[2] : la *vantage sensitivity*, mise en évidence par Michael Pluess, un chercheur britannique en biologie. De quoi s'agit-il exactement ?

La sensibilité avantageuse désigne la capacité d'un individu à profiter des expériences de vie qui sont dites « positives », c'est-à-dire agréables, plaisantes, encourageantes et favorables. Les personnes qui sont dotées de cette compétence bénéficient plus et mieux de toutes les actions propices à leur bien-être, leur développement, leur épanouissement, que

2. Voir page 95.

ce soit de la part de leurs proches, de leurs collègues, grâce à une thérapie, ou à une éducation créative et bienveillante[3].

Si les êtres humains en général ont tendance à réagir davantage aux menaces ou aux drames qu'aux expériences agréables, les ultrasensibles distinguent mieux ce qui est favorable dans leur quotidien et leur existence. Ils en profitent davantage : l'attention, l'affection, la douceur, la joie, l'intérêt, la reconnaissance, les informations pertinentes, les conseils avisés, la beauté de la nature, la création artistique...

« Pluess distingue même la sensibilité avantageuse de l'idée de résilience. En effet, les personnes résilientes sont moins affectées par les événements négatifs mais aussi par ceux qui sont positifs : elles sont moins sensibles et peuvent être considérées comme ayant une "résistance à l'avantage". Si l'on vous a déjà affirmé que votre enfant n'est pas assez résilient, vous comprenez maintenant pourquoi[4]. »

La bonne nouvelle est que la sensibilité augmentée est avantageuse, car nous sommes plus enclins à mettre en relief ce qu'il y a de bon dans nos vies.

3. Michael Pluess, Jay Belsky, « Vantage Sensitivity : Individual Differences in Response to Positive Experiences », *Psychological Bulletin*, American Psychological Association, 2013, vol. 139, n° 4, p. 901-916.
4. Elaine Aron, *The Highly Sensitive Child*, Harmony, 2002.

Ainsi, nous sommes capables de bénéficier de l'aide de nos collègues, de nos amis ou de notre famille, autant que de leur amour, de leur sagesse et de leur soutien[5]. Voici une bonne raison supplémentaire pour rester enthousiastes, non ?

Les ombres de nos vies

Alors, que se passe-t-il quand nous nous sentons démobilisés ou même abattus ? Ne vous arrive-t-il pas de vous sentir démotivés bien que tout vous semble aller bien ? Pourquoi certains sensibles s'enlisent-ils dans la plainte, ou pire, la tendance au sabotage ? C'est que rien n'est aussi simple que la théorie et que nous ne vivons pas non plus dans les conditions idéales surprotégées des laboratoires anglo-saxons étudiant des populations privilégiées.

Nos existences sont compliquées par les défauts de nos familles et le poids de nos communautés. À partir de son histoire particulière et de ses cercles d'appartenance, chaque famille construit une façon d'être ensemble et une vision du monde qui produisent un mode relationnel spécifique, avec une tendance plus ou moins nette au pessimisme ou à

5. Voir aussi W. Thomas Boyce, *L'Orchidée et le Pissenlit*, Michel Lafon, 2020.

l'optimisme. Pour chacun de nous, le modèle familial influence nos représentations, croyances, idées, puis les discours, attitudes et comportements qui en découlent[6]. Ce modèle référent fait écran à la réalité. Il s'impose à nous pendant longtemps comme une forme de « normalité » indépassable : nous construisons nos relations selon ses contraintes, au travail, dans nos amitiés, en amour et en famille[7].

De surcroît, les accidents de la vie, les maladies, les drames, ce que l'on appelle les traumatismes, entravent notre disposition naturelle à faire de notre sensibilité un atout pour profiter de tout ce qui est bon pour nous. Plus encore, ils donnent un poids plus fort, sous la forme d'une charge affective défavorable, à tout ce qui nous trouble et nous déstabilise. Cela permet de mieux comprendre que notre irritabilité n'est pas seulement l'expression d'une fatigue due à la surstimulation, donc à la saturation, mais surtout une expression de notre souffrance actuelle ou passée (ou les deux à la fois). J'ai déjà consacré d'autres livres au trauma, je ne vais donc pas m'y attarder ici, mais n'oubliez pas de soigner vos blessures, avant toute autre démarche thérapeutique, pour pouvoir

6. Lire le récit de Diego dans *Faire la paix avec sa famille*, Larousse, 2020, p. 93-97.
7. Lire l'histoire de la famille d'Andrew, *idem*, p. 110 à 116.

bien bénéficier des qualités et des avantages que vous apporte votre sensibilité élevée.

Les effets nocebo

Les malédictions, menaces, phrases assassines et prédictions défavorables viennent encore plus compliquer et endolorir nos existences. Elles correspondent à ce que l'on appelle l'*effet nocebo*. Quand vous aurez mesuré la puissance de leur impact sur chacun de nous, vous vous rendrez compte que nous sommes entourés d'actes et envahis de propos aux conséquences délétères… Voilà notamment ce qui peut expliquer pourquoi nous passons tellement de temps, nous, âmes sensibles, à réfléchir à ce qui nous arrive, tant cela nous paraît aussi inconcevable qu'incompréhensible !

Vous connaissez l'effet placebo favorisant la guérison de patients qui croient consommer un médicament ou subir une intervention chirurgicale, alors qu'ils reçoivent en fait un traitement factice. L'effet placebo est réel, il permet de dilater les bronches, guérir les ulcères, soigner le dos, faire baisser la tension artérielle, etc.

En fait, ce même pouvoir guérisseur de l'esprit sur le corps peut également nous nuire. Lorsque les patients participant à des essais sont avertis des effets secondaires qu'ils peuvent ressentir s'ils reçoivent un médicament, environ 25 % d'entre eux éprouvent des effets secondaires parfois graves, même s'ils ne prennent pas ce médicament. Ceux qui prennent des placebos se plaignent paradoxalement de fatigue, vomissements, faiblesse musculaire, bourdonnements d'oreilles, troubles du goût ou de la mémoire, correspondant précisément aux effets secondaires annoncés par le médecin. Nous sommes donc hautement suggestibles !

« La simple suggestion qu'un patient puisse ressentir des symptômes en réponse à un médicament (ou un placebo) peut devenir une prophétie autoréalisatrice. Par exemple, si l'on dit à un patient traité avec un placebo qu'il pourrait ressentir des nausées, il aura probablement des nausées. Si l'on suggère qu'il pourrait avoir des migraines, il risque fort d'en avoir, etc. Des patients n'ayant reçu que du sérum physiologique croyant que c'était de la chimiothérapie ont perdu leurs cheveux[8] ! »

Ainsi, un médecin fataliste, convaincu que vous devez savoir qu'il n'y a plus beaucoup de chances de vous sauver, que vous devez donc être réaliste et prendre vos dispositions, ne vous aide pas à guérir. Il inculque

---

8. Lissa Rankin, « The Nocebo Effect: Negative Thoughts Can Harm Your Health », *Psychology Today*, 6 August 2013.

à votre esprit conscient et inconscient une croyance selon laquelle vous ne vous rétablirez pas. Tant que votre esprit s'en tient à cette croyance funeste, elle devient une prophétie qui se réalise d'elle-même. Si vous croyez que vous ne guérirez pas, vous ne pourrez pas guérir.

Le même phénomène existe concernant votre sensibilité, aussi merveilleuse soit-elle en réalité. Si dans votre existence, une ou plusieurs personnes sont parvenues à vous convaincre que votre (haute) sensibilité est une anomalie, un problème, un trouble… vous risquez d'y croire et de mal la vivre au quotidien, vous en voulant de ressentir autant de choses aussi intenses ou variées, en décalage avec les discours ambiants. Vous allez alors chercher à la cacher, à l'étouffer, à la réduire et vous serez profondément malheureux !

Il se peut même que vous en arriviez à avoir honte d'être (aussi) sensible…

Un sentiment d'indignité

Ne dit-on pas « mourir de honte » ? Vous connaissez bien ces petites phrases assassines, celles qui vous dévastent en quelques secondes, sans oublier la communication non verbale : tous ces gestes, mimiques, grimaces, sons, postures qui dévalorisent la sensibilité.

Le gros problème de l'éducation, c'est qu'elle est encore aujourd'hui majoritairement coercitive, malveillante et punitive. Il s'agit d'un dressage dévalorisant de l'enfant et de l'adolescent. En tant que citoyens adultes, nous sommes d'ailleurs régulièrement traités de la même façon irrespectueuse et abaissante par les administrations, les autorités diverses, sans parler des violences médicales, judiciaires ou policières. Si l'on ajoute à cela les informations négativistes qui circulent quotidiennement, on peut affirmer sans exagérer que nous sommes bombardés par des effets nocebo jour après jour.

Restons-en à ce qui concerne plus particulièrement les âmes sensibles, à savoir cette façon très particulière qu'ont les parents, les éducateurs et les professeurs, puis les collègues ou les responsables, à nous donner honte de notre sensibilité. À tel point que nous finissons par avoir honte de qui nous sommes !

Cet après-midi, Bella me confiait que, pendant plus de cinquante ans, elle s'est crue « en faute » parce qu'elle se trouvait « trop sensible », donc « anormale ». En fait, elle commettait une erreur préjudiciable sur elle-même, source de beaucoup de souffrances, *à partir d'une mauvaise interprétation de sa sensibilité* et de sa différence par rapport au reste de sa famille et au-delà. Elle se disait : « Je ne fais pas ce qu'il faut », puis : « Je ne suis pas comme il faut », au lieu de reconnaître simplement la réalité : « Je suis différente d'eux, car je suis plus sensible. »

Notre environnement génère en nous une forme sévère et funeste d'autosabotage, car nous en arrivons à déprécier notre singularité sensible, notre spécificité humaine, puis à nous croire indigne. Ce sentiment d'indignité découle d'une honte profonde, une honte d'être comme ça, c'est-à-dire sensible, une honte d'exister… La honte ne vient jamais de soi, elle est induite par un environnement social qui nous rejette et nous déprécie, voire nous humilie. Nous nous sentons alors écartelés entre ce que nous sommes, ce que nous sentons, et ce que nous devrions être, ce que nous devrions faire pour nous conformer à la norme « hyposensible[9] » prônée et imposée par la société.

Alors, envahis par cette honte de nous et ce sentiment d'indignité, nous risquons de nous décourager profondément, de nous laisser submerger par le chagrin, de perdre notre joie de vivre, de nous replier sur nous-mêmes, voire de nous isoler. J'ai récemment entendu une journaliste accuser les personnes très sensibles de « mélancolie », ce qui est un comble,

9. Ce qualificatif qui désigne très justement la réalité sociale est de Christophe André.

comme l'on reproche à un enfant maltraité de pleurer ou de ne pas se sentir à l'aise !

Bella poursuit sa découverte : « *Je suis tellement touchée de comprendre à quel point j'avais honte de moi... En y pensant, je prends conscience de la façon dont j'ai été niée, méconnue, si souvent et si brutalement jugée, non accueillie dans ma réalité pleine et entière. Comme si on pouvait me renvoyer que j'en fais des tonnes, alors "qu'en réalité ce n'est pas si grave"... Je peux me sentir tellement incomprise. Pire encore, ça peut me faire vaciller en me faisant sentir coupable et honteuse... Cette prise de conscience fait surgir une immense révolte, une colère qui dit : "Je ne mérite pas d'être traitée comme ça !" Donc, par extension : personne ne mérite d'être traité comme ça ! Avec une forme de force solidaire qui se dresse devant tous ces abus pour dire "Stop". Voilà, c'est dit. Je peux enfin souffler... Quelle puissance je sens en moi maintenant !* »

En effet, au fond des âmes sensibles résident une gaîté, un enthousiasme, une spontanéité, une bonté, une créativité, une générosité et une vitalité extraordinaires. Là est leur véritable puissance. Je vais y consacrer la suite de ma lettre, pour vous aider à développer votre puissance sensible.

Partie 3

Pourquoi la sensibilité va changer le monde

« Ce sont les utopies qui ont raison… Quant aux réalistes, leurs actions nous ont menés à l'épuisement de la terre, au réchauffement climatique, aux maladies, à la violence. »

Satish KUMAR, *Pour une écologie spirituelle*

Ultra-conscientes, sans filtre, incapables de cynisme, souvent naïves, en quête de justice et d'authenticité, compatissantes, charitables, enthousiastes, amoureuses de la nature, les âmes sensibles perçoivent autrement la réalité, vivent différemment leur quotidien et leurs relations. Elles envisagent l'avenir de la planète avec cœur et désirent profondément créer un monde meilleur. Comment ? C'est ce que nous allons découvrir ensemble.

« Il est nécessaire de sortir du mental pour entrer dans l'expérience » affirme clairement Annick de Souzenelle, à 97 ans, dans un entretien filmé du 7 avril 2020, en pleine pandémie de coronavirus[1]. Nous verrons ensemble à quel point il s'agit de l'idée centrale de la puissance, sa véritable clé de voûte : *découvrir, connaître et comprendre par l'expérience.*

---

1. *https://www.youtube.com/watch?v=0W0NvmFBjGY.*

La psychothérapeute visionnaire nous invite à arrêter de nous identifier aux valeurs du passé, qui sont fausses et dangereuses, comme cette folle volonté d'éradiquer la mort. La mort fait partie de la vie, elle est une mutation. La mort est une autre dimension de la vie, une dimension cachée. La puissance de l'expérience humaine directe, c'est-à-dire de l'expérience sensible, nous invite à *ouvrir les yeux du cœur* pour vivre des relations beaucoup plus conscientes de l'unité qui nous relie tous, car nous sommes indissociables. Voilà une autre source infinie de puissance : la connexion à autrui.

De surcroît, développer sa puissance ne peut se faire qu'en sortant d'une logique dualiste, celle qui consiste à lutter contre un environnement défavorable au sensible, une culture hostile à la sensibilité, une société empêchant l'expression sensible, etc. En accédant à une nouvelle logique, celle de l'amour qui enveloppe, entoure, englobe, assimile et transforme, « on ne lutte plus contre, on lutte avec et pour ». La lutte contre laisse à l'horizontale, rabaisse, alors que la lutte avec élève et verticalise. On atteint d'autres niveaux de conscience et de réalité, car il existe bien d'autres formes du réel, plus subtiles et plus puissantes. « Avoir peur, c'est regarder l'autre comme un ennemi, alors qu'on peut le regarder comme quelqu'un qui nous pousse à grandir. Cela change tout. »

Arrêtons donc de juger, de nous condamner nous-même autant que les autres. Il n'y a pas de bien et de mal. La distinction que nous pouvons établir, en chacun et chacune de nous, est de repérer ce qui a grandi, ce qui est accompli, ce qui est devenu de l'information sensible, et ce qui reste encore en puissance, à l'état de potentiel.

Cette dimension de la croissance d'un véritable amour pour sa sensibilité, sa propre histoire, ses projets et son devenir est la source la plus profonde de puissance en chaque être… Pour commencer, interrogeons-nous sur ce qu'est réellement la puissance.

9. Oser la puissance

« Repérer la peur et refuser d'y obéir est la source de tout véritable empuissancement. »
Martha BECK

De quelle puissance parlons-nous ? Il ne s'agit pas de la puissance d'un groupe financier, d'un parti politique, d'une communauté religieuse, d'un lobby ou d'un syndicat, encore que les individus sensibles auraient tout intérêt à se regrouper pour défendre leurs spécificités de façon solidaire. Il s'agit de la puissance d'exister, penser, agir, aimer, vivre en relation et créer[1].

Comment je vis concrètement ma puissance ?

Peut-être pouvez-vous commencer par dessiner une carte en écrivant des mots sur une feuille. Cela vous

1. Sondage auprès de personnes particulièrement sensibles, réalisé en avril 2020.

aidera à représenter votre propre façon de vivre votre puissance ou comment vous souhaiteriez pouvoir la vivre.

Connaître, puis développer sa puissance personnelle n'a rien à voir avec la recherche d'une domination sur autrui ou même d'une mise en valeur de soi, contrairement à ce que pourraient faire croire certains raccourcis ou automatismes de pensée. Au contraire, cette démarche existentielle se distingue à la fois de l'autoritarisme, de la manipulation et de la perversion tout autant que d'un développement personnel égotique.

Trouver sa vraie puissance

La majorité des personnes que j'ai interrogées ont fréquemment relié leur puissance à des réalités qui les soutiennent : le désir, l'amour, l'amitié, la création, la musique, le dessin, la peinture, le jardinage, une activité physique, la nature, la confiance en la vie, le cosmos, c'est-à-dire une réalité immense qui nous entoure, etc. D'autres ont parlé du flux de la vie, de la grâce du vivant, mais aussi de l'humour.

Voici quelques déclarations plus spécifiques :

« Je sens ma puissance quand je réalise mes rêves. »

« La puissance n'est pas le matériel, la carrière, le succès, le prestige, qui sont éphémères et sources de frustration. Au contraire, je me lie à la nature, à beaucoup plus grand, plus puissant et plus durable que moi. »

« Ma puissance vient de la voix de mon père depuis que je suis tout petit. Elle est encore là, en moi, même après sa mort. »

« C'est la correspondance entre moi et ce que je suis en train de faire. »

« Je me sens puissante quand je m'écoute, je me respecte, je m'affirme. »

« Observer, réfléchir, comprendre, découvrir des choses. »

« Puissance grâce aux amis, aux proches, à leurs sourires, leurs rires. Ils m'aident à prendre conscience que j'ai des forces. »

« En fait, j'ai plus de ressources en moi que je croyais. »

Libérer son imagination

Pour d'autres, ce n'est pas si simple : « Je ne sens pas ma puissance. J'ai l'impression de ne pas en avoir », affirment-ils. En effet, on peut être très sensible sans pour autant percevoir ses qualités et la force de vie sur lesquelles s'appuyer pour s'épanouir, se réaliser, s'affirmer. De surcroît, beaucoup de personnes qui se disent « hypersensibles » focalisent leur attention sur ce qui ne va pas en elles ou autour d'elles, en incriminant à la fois leur forte sensibilité et le manque d'accueil de la part des autres, dont elles souffrent. Cette fixation défavorable peut aussi concerner les propos d'autrui sur soi, à plus forte raison s'ils contiennent des critiques ou des reproches. Comme je l'ai déjà mentionné, cette tendance engendre une mauvaise conception de soi, donc une pauvre estime de soi, avec une propension plus ou moins marquée à se dévaloriser, d'où une perte évidente de puissance.

« Je ne sens pas ma puissance, parce que je ne suis pas assez appréciée par les autres », soupire Anne-Laure. Comme beaucoup d'autres qui vont dans le même sens, cette formulation est invalidante car elle pose le problème à l'envers, ce qui est très fréquemment le cas pour les hypersensibles qui se sentent victimes de leur sensibilité. En fait, cette femme ne s'appréciait pas elle-même, voilà pourquoi elle accordait beaucoup plus d'importance aux reproches des autres qu'à leurs compliments.

En creusant un peu, ces personnes se rendent compte qu'elles ont beaucoup de difficultés à accepter la fantaisie et qu'elles brident leur imagination. Elles s'empêchent d'être légères pour s'imposer d'être studieuses, sérieuses, rigoureuses. Elles peuvent même se montrer strictes et rigides, faisant de gros efforts pour être conformes à un idéal souvent très élevé, ou abstrait, les laissant continuellement insatisfaites d'elles-mêmes et de la vie. En conséquence, elles ne perçoivent pas de réelle puissance en elles. Cette réalité ne semble pas exister pour elles et sa simple idée les laisse perplexes, voire incrédules. À force de vivre sous contrainte, par la seule force de la volonté, elles ont perdu leur spontanéité, leur enthousiasme et leur ferveur.

Parfois, cela ne touche qu'un domaine de la vie, comme le travail, les relations familiales ou amoureuses, laissant les autres sphères de leur existence ouvertes à plus de liberté.

Voici, par exemple, ce dont témoigne Stella, une jeune professeure d'anglais. « *Je me sens enfermée dans l'écriture. En fait, je pense mieux que j'écris. Je peux penser ce que je veux, mais écrire est très difficile, je perds mon élan, je me sens tirée en arrière. L'écriture est en retard sur ma pensée, cela me limite beaucoup… Je n'arrive pas à être créative dans mon travail, alors que je le suis dans mes loisirs.* »

Le risque de tout ce sérieux pesant, parfois sinistre, est de perdre sa joie de vivre, de devenir ennuyeux. « Il ne faut pas confondre hypersensible et hyperchiant », lançait une participante à la fin du premier grand rassemblement de l'Association des HyperSensibles à Paris le 1er juillet 2017 ! Oui, cette confusion nous est préjudiciable, il est temps d'en sortir définitivement par le haut… Les grands sensibles ne sont pas des victimes.

En effet, si, à l'instar d'Anne-Laure et de tant d'autres, vous êtes convaincu que votre sensibilité est un problème, vous allez passer votre existence à la vivre comme un problème. Aucun livre, aucun article, aucune thérapie ne pourra vous aider à aller mieux. Effectivement, si vous croyez que vous êtes victime de votre sensibilité, vous continuerez à vous considérer ainsi, et le cours de votre existence ne changera pas.

Vous comprenez à quel point il est indispensable et même vital de rompre ce « destin » funeste si vous souhaitez libérer votre *puissance sensible.* Et pour aller complètement dans ce sens, je vais maintenant plutôt parler de sensibilité élevée ou augmentée, ou encore d'ultrasensibilité, non comme une étiquette (ou une identité) mais comme une qualité consciente que vous pouvez entretenir, voire développer. Nous allons voir de quelles façons.

La puissance en actes

L'individu ultrasensible est ultra-conscient : il souhaite être bien informé sur l'état du monde, de la santé et de l'écosystème. Il privilégie les sources de qualité. Il souhaite être respecté dans sa quête des bonnes informations. Je vais donc apporter ici des données vérifiées, confirmées par l'expérience clinique sur de nombreuses années et des études scientifiques fiables.

L'empuissancement commence par des attitudes concrètes très simples, que l'on peut résumer ainsi : je pense à moi, je m'écoute, je me respecte, je me protège, je m'accorde du temps, je choisis de vrais amis, je prends soin de mon corps et de ma santé.

Ce dernier aspect mérite que l'on prenne le temps de s'y attarder. Cela fait plus de trente ans que je me documente sur les conditions de vie favorables à une vraie bonne santé. La grande santé est beaucoup plus que l'absence de maladie, de même que le vrai bonheur est tellement plus que l'absence de souffrance. Au fil de mes recherches, j'ai appris que nous pouvions agir dans sept dimensions pour vivre vraiment mieux. Il s'agit d'une approche globale somatopsychique ou *corpo-spirituelle*, ce qui signifie la même chose à partir des mêmes racines en latin : c'est-à-dire en articulant continuellement corps et âme, ou corps et esprit, selon les appellations.

Pour vous qui êtes ultrasensible, cette présentation des découvertes scientifiques les plus probantes peut réellement vous aider à vivre au mieux votre sensibilité augmentée et à développer votre puissance sensible à votre façon et à votre propre rythme.

Une bonne nutrition

La première chose à retenir est, là encore, que chacun de nous est spécifique. Une personne assimile bien certains aliments qu'une autre ne tolère que très peu ou pas du tout. Le mieux est donc de personnaliser notre alimentation en fonction de nos goûts réels (et non ceux de notre famille ou de notre communauté), de nos intolérances, des aliments faciles à digérer et des boissons qui nous hydratent sans nous perturber. D'après différents sondages, de très nombreux ultrasensibles ne supportent ni le café, ni le thé, ni même le chocolat (y compris à dose moyenne voire légère). Ils préfèrent le rooibos vert ou rouge, (plus riches en antioxydants que le thé), la chicorée (excellente pour les intestins), ou des infusions de plantes choisies selon les occasions ou les besoins du moment. Pour autant, d'autres connaissent un certain type de thé, ou de cacao, qui leur réussit bien. J'ai rencontré un grand nombre d'individus sensibles qui sont perturbés par l'excès de sucre, et ce niveau de sucre peut varier d'une personne à l'autre. Beaucoup aussi préfèrent ne pas manger de viande (ou le plus rarement possible), soit en mangeant des œufs et du poisson, soit en ne consommant aucun produit animal. En tâtonnant, vous découvrirez progressivement le régime alimentaire qui vous convient le mieux. Si vous le souhaitez, vous pouvez aussi consulter un médecin nutritionniste qui pratique l'alimentation personnalisée.

Préserver l'équilibre intestinal

Il y a plusieurs millénaires, Bouddha affirmait déjà : « Un sage est quelqu'un dont le gros intestin fonctionne bien »… Le *lien entre sensibilité et microbiote* est fondamental. Nous n'en sommes qu'aux débuts de découvertes formidables qui prouvent que la qualité de nos bactéries intestinales a une influence prépondérante sur notre psychisme, donc sur nos sentiments et nos comportements. La communication entre les intestins et le cerveau circule à plus de 80 % dans le sens du ventre vers la tête. La sérotonine, cette hormone de régulation émotionnelle, est produite à plus de 90 % par les intestins ! Les personnes dont l'intestin est irritable sont également irritables dans leurs relations. La présence de bonnes bactéries, appelées « probiotiques », permet de diminuer significativement les dépressions, comportements obsessionnels, hyperactivité, mélancolie, angoisses, troubles bipolaires, certaines formes d'autisme et de schizophrénie, etc.

La bonne nouvelle est donc qu'en prenant le plus grand soin de notre deuxième cerveau, c'est-à-dire de nos intestins, nous vivons mieux notre sensibilité élevée tout en étant en meilleure santé, car notre immunité est nettement améliorée, elle aussi.

Concrètement, comment faire ? Quelles que soient les sources consultées[2], les réponses sont les mêmes :

- Boire de l'eau et des tisanes, mais aucun soda ou jus de fruit, à l'exception du jus de pamplemousse. (Pour les autres fruits, il vaut mieux les consommer en entier.)
- Manger dans le calme en privilégiant les légumes contenant des fibres et en mastiquant lentement.

---

2. Par exemple, Delphine Bonnaud, *Intestin et Psychisme*, Les éditions biodynamiques, 2019 ; Giulia Enders, *Le Charme discret de l'intestin*, Actes Sud, 2018.

- Éviter au maximum le gluten, les sucres rapides (glucose et fructose), les produits laitiers.
- Consommer des produits lactofermentés ou des probiotiques.
- Saupoudrer généreusement vos plats d'herbes aromatiques fraîches et d'épices douces.
- Si nécessaire, adopter des compléments alimentaires contenant de la L-glutamine qui restaure l'intégrité de la paroi intestinale, de la quercétine et de la L-acétyl-cystéine.
- Enfin, pour les personnes qui souffrent de cystites, dont le côlon est irritable ou qui ne digèrent pas les Fodmap[3], il est recommandé de privilégier les aliments qui n'en contiennent pas[4].

L'avis d'un(e) naturopathe ou d'un(e) nutritionniste peut s'avérer extrêmement précieux. En cas de trouble intestinal ou urinaire persistant, il est recommandé de vérifier avec son médecin traitant s'il ne s'agit pas d'une candidose. Un traitement approprié

---

3. Les Fodmap ou Fermentable Oligo-, Di-, Mono-saccharides And Polyols sont des nutriments qui fermentent facilement dans les intestins, par exemple, le lactose, le fructose, etc. P. R. Gibson, Susan J. Shepherd, « Personal View: Food For Thought–Western Lifestyle and Susceptibility to Crohn's Disease. The FODMAP Hypothesis », Juin 2005. *Alimentary Pharmacology & Therapeutics*. 21 (12) : 1399-409.
4. P. Nys, *Plus jamais mal au ventre avec le régime sans Fodmaps*, Leduc, 2015.

est nécessaire, en privilégiant les remèdes naturels, qui sont plus efficaces et moins perturbants[5].

Réguler le niveau de stress

Comme je l'ai déjà précisé, le stress est particulièrement défavorable aux personnes très sensibles, lorsqu'il est prolongé, trop intense ou provoqué par la malveillance de l'entourage. On parle alors de *stress toxique.*

En dehors des conflits relationnels et de la pression durant les études ou au travail, les mauvaises nouvelles sont une source majeure de stress toxique au quotidien. « Les histoires et les images des informations données par les médias hantent notre esprit des heures durant. À chaque récit alarmant, nous produisons du cortisol, ce qui stresse l'intégralité de notre corps. En même temps, les zones cérébrales nécessaires à une réflexion profonde régressent », écrit le philosophe suisse Rolf Dobelli qui nous invite à ne plus nous laisser submerger d'informations au quotidien, en passant le moins de temps possible à lire, écouter ou regarder les informations[6].

---

5. Vincent Renaud, *Candida Albicas. Le reconnaître. Les solutions naturelles pour le vaincre*, Alpen, 2017.
6. Rolf Dobelli, *Stop Reading the News. A Manifesto for a Happier, Calmer and Wiser Life*, Sceptre, 2020.

À chaque montée de stress, le corps perd des vitamines B et du magnésium. Il convient donc de se recharger en consommant des aliments ou des compléments qui en contiennent, surtout s'ils apportent également du potassium, du zinc, de la vitamine D3 et des omégas-3.

Pour mieux faire face au stress ou en diminuer l'impact, vous pouvez recourir aux fleurs de Bach, ainsi qu'à certaines plantes très utiles :

- le safran et la gomphréna adoucissent merveilleusement la vie des âmes sensibles ;
- le griffonia permet une meilleure production de sérotonine, de même que le millepertuis, mais ce dernier est parfois mal supporté par les plus sensibles ;
- le bacopa monnieri, l'éleuthérocoque et la rodhiola sont de bonnes plantes adaptogènes ;
- la racine de réglisse aide à réguler le taux de cortisol, souvent trop élevé chez les ultrasensibles.

Si vous appréciez la méditation au quotidien, ou la simple assise en silence, surtout ne vous en privez pas ! Sinon, la relaxation, la sophrologie, l'autohypnose sont tout aussi recommandées. N'hésitez pas à faire de brèves siestes et des pauses régulières…

Améliorer la qualité du sommeil

Nos contemporains dorment en moyenne 6 h 40 en semaine et 7 h 30 le week-end, c'est-à-dire 1 h 30 de moins qu'il y a trente ans, et même 2 heures de moins pour les enfants et les adolescents. Tout cela à cause de la surexposition aux écrans[7]. Les individus ultrasensibles ont généralement besoin de beaucoup de sommeil pour se sentir bien : environ 8 heures par nuit ou plus. Leur sommeil peut être perturbé par les excès de stress, la mauvaise digestion et les ruminations mentales.

Il est préférable de prendre un dîner léger au moins deux heures avant de se coucher et, idéalement, de rester au moins douze heures sans manger. Lors du repas du soir, on pourra privilégier une alimentation végétale : légumes, légumineuses et féculents digestes (patate douce, quinoa, sarrasin, avoine, millet, petit épeautre, riz complet, pomme de terre).

Pour mieux dormir, évitez les écrans et les stimulations avant d'aller au lit. Mettez votre téléphone portable sur « mode avion ». Essayez également de penser à aérer votre chambre avant de vous coucher et de limiter autant que possible les sources de lumière et de bruit.

---

7. Enquête 2020 réalisée par l'Institut national du sommeil et de la vigilance (INSV).

Certaines plantes favorisent un bon sommeil : la racine de valériane, les fleurs d'aubépine, les feuilles de mélisse, les parties aériennes de passiflore, le houblon ou l'escholtzia, auxquelles on peut ajouter de la mélatonine, surtout après 50 ans.

Les huiles essentielles peuvent aussi aider à dormir : lavande, marjolaine, petit grain bigarade, orange, mandarine, clémentine, vétiver, santal blanc, pin de Patagonie, etc.

Faire face aux pollutions et infections

De plus en plus de publications scientifiques confirment l'impact très défavorable de la pollution de l'air, de l'eau et des aliments sur notre santé. Les produits industriels subissent de nombreuses altérations (cuisson à très haute température, raffinage, ionisation) et contiennent des substances nocives (additifs, pesticides, sucre et sel ajoutés, graisses transformées). Les maladies de civilisation augmentent de façon impressionnante dans les pays occidentaux, touchant de plus en plus d'enfants. L'espérance de vie commence à diminuer en Amérique du Nord. On sait que la consommation excessive de viande entraîne non seulement des maladies graves, mais la déforestation, la production de gaz à effet de serre, la surutilisation de pesticides et l'épuisement de la planète en eau potable !

Pour améliorer notre bien-être et notre santé, de nombreux praticiens en médecine, naturopathie et diététique recommandent d'adopter un régime « flexitarien », très pauvre en viande et riche en végétaux, de boire de l'eau filtrée, de privilégier les crèmes solaires bio et les dentifrices sans fluor, de fabriquer soi-même ses cosmétiques, de recourir aux circuits courts d'approvisionnement et aux filières écoresponsables ou biologiques locales[8]. Les personnes ultrasensibles, qui se sentent très proches de la nature et des animaux, sont particulièrement favorables à cette démarche globale de respect de l'environnement et de la santé.

Pratiquer des activités physiques et artistiques

De même, notre tendance à la sédentarisation est régulièrement pointée comme cause de nos fatigues persistantes, stress chroniques, douleurs articulaires ou musculaires, dépressions, angoisses ainsi que de la baisse progressive de notre immunité. Une ou plusieurs activités physiques sont donc nécessaires

8. Franck Gigon, *La Méthode flexitarienne. Le régime 100 % santé*, First, 2013.

à notre équilibre global corps-esprit[9]. Trouvez celles qui vous conviennent le mieux : yoga, qi gong, taï-chi-chuan, arts martiaux, antigymnastique, Pilates, technique Alexander, méthode Feldenkrais, marche, vélo, natation, etc.

Par ailleurs, la danse, le chant, le théâtre, la musique, la peinture, la sculpture, mais aussi le jardinage, la cuisine gastronomique et l'art des bouquets sont très appréciés des grands sensibles.

Enfin, j'ai constaté que les postures d'équilibre proposées par les différentes formes de yoga, la gymnastique Pilates ou d'autres approches sont extrêmement propices à la régulation nerveuse et émotionnelle des ultrasensibles. Je ne peux que vous encourager à les pratiquer au quotidien. Elles s'avèrent souvent *plus efficaces que la méditation*, si elles sont pratiquées régulièrement, lentement, dans le silence complet, le plus grand calme, en laissant sa respiration complètement libre et en tenant certaines postures les yeux fermés.

9. Sammi R. Chekroud et *al.*, « Association between Physical Exercise and Mental health in 12 Million Individuals in the USA between 2011 and 2015. A Cross-Sectional Study », *The Lancet Psychiatry*, 2018.

Chouchouter énergies, lymphe et circulation sanguine

Nous sommes également constitués d'énergies et de vibrations. Certains massages sont très utiles pour apporter paix et équilibre aux âmes sensibles, très réceptives au toucher de peau à peau ainsi qu'à ses nombreuses vertus[10]. Les massages qui correspondent le plus aux grands sensibles sont les massages énergétiques de type ayurvédique, le chineï-tsang (massage du ventre ou thérapie abdominale), le do-in, le shiatsu et l'extraordinaire watsu, qui est une forme de shiatsu pratiqué dans une piscine d'eau chaude.

En plus de la circulation énergétique, les circulations sanguine et lymphatique sont fondamentales pour l'harmonisation de nos sensibilités vives. Même s'il est devenu rare, le véritable drainage lymphatique manuel du docteur Vodder est, avec ceux que je viens de citer, une des formes de massage les plus aidantes pour les grands sensibles.

Vous connaissez désormais les sept domaines physiques dans lesquels vous pouvez peu à peu réaménager vos existences pour développer votre puissance

10. Sans oublier la production d'hormones bienfaisantes : endorphines, ocytocine, sérotonine…

sensible. Une pratique régulière vous apportera des résultats surprenants…

Explorons maintenant les aspects psychiques donc affectifs de l'empuissancement sensible.

10. Oser l'empathie

« Comme toute idée puissante, le Focusing n'est pas facile à décrire avec des mots anciens. Il nous emporte vers un territoire inexploré. Il est à la fois une pratique et une philosophie. Il nous parle de la sagesse du corps et comment découvrir la richesse des autres en apprenant à les écouter. Il ouvre sur notre potentiel à développer de nouvelles formes de relation et une nouvelle société. »

Marilyn FERGUSON

Dans le domaine de la psychologie et du développement personnel, la plus grande erreur de ces trente dernières années est d'avoir survalorisé le mental – quitte à le dénigrer – en nous faisant croire que nous pouvions aller mieux et nous changer si nous adoptions quelques « bonnes idées » standardisées. De ce fait, le corps se retrouve encore une fois le grand oublié et, avec lui, l'inconscient, qui lui est intimement lié.

D'expérience, vouloir mieux vivre sa sensibilité à coup de « pensée positive » est un leurre qui nous fait perdre beaucoup de temps et d'énergie. Si vous souhaitez vraiment aller mieux, prenez le temps d'écouter votre corps et d'en prendre soin, avant de vous lancer dans une démarche de croissance humaine ou dans une thérapie. *Notre corps est le socle de toute notre existence*, nous ne pouvons pas en faire l'impasse.

Pourquoi la pensée positive ne fonctionne pas

Lorsque nous laissons de côté l'endoctrinement médiatique et que nous sommes honnêtes avec nous-mêmes, nous savons bien que dans de nombreuses circonstances, nous avons essayé répétitivement de « penser positif » et que cela n'a rien donné ! Pourquoi ? Je vais vous donner deux explications parmi les plus pertinentes que j'ai trouvées.

- Une étude récente réalisée par plusieurs universités suédoises a évalué la meilleure réponse aux émotions, surtout lorsqu'elles nous dérangent, en testant deux façons d'agir face à elles : soit se concentrer sur une idée « positive », soit accepter l'émotion. Sans surprise, la « pensée positive » s'est avérée inefficace. En revanche, *l'accueil des émotions* permet de mieux les vivre, de prendre le temps de les dépasser (sans les esquiver), puis de retourner à ses activités. Comme les découvertes du rôle fondamental de l'intestin, cette étude confirme la sagesse du yoga et de toutes les formes de méditation en Extrême-Orient, qui nous invitent à accepter chaque émotion telle qu'elle se présente[1].

- Dans le sillage de Bruce Lipton et de ses recherches, beaucoup de thérapeutes anglo-saxons ont ajusté leur discours, et surtout leur pratique, en reconnaissant les limites de la conscience, donc aussi de la prétendue « pleine conscience », et les limites de notre responsabilité face aux difficultés, voire aux échecs, que nous vivons. Notre conscience se limite à moins de 5 % de notre vie psychique. L'inconscient, lui, en représente plus de 95 %. Au niveau neurologique, il est un million de fois plus puissant, puisqu'il est capable de traiter 40 millions d'informations. De surcroît, notre conditionnement est une donnée de notre histoire, il vient des autres. Il nous a été imposé par la culture, la famille, les communautés, l'éducation et le travail… Enfin, nos pensées ne sont pas « dans la tête », elles ne sont que très peu verbales : elles correspondent à des énergies, des vibrations et des champs magnétiques, qui entrent continuellement en résonance avec celles des autres[2].

1. Voir *Yoga Magazine* n° 31, mai-juin 2020, p. 8. Certaines thérapies vont dans ce sens, j'y reviendrai bientôt.
2. Bruce Lipton, *Réécris ton esprit*, *https://youtu.be/eB-vh6VWdcM* (vidéo consultée le 20 juillet 2020).

On en est donc arrivé à parler de psychologie énergétique et de nombreuses approches holistiques ou thérapies psychocorporelles sont nées depuis, retrouvant souvent les pratiques anciennes du chamanisme, de la conscience élargie ou de la méditation.

La piste centrale est de parvenir d'abord à nous accepter comme nous sommes, avec notre sensibilité telle qu'elle est, pour mettre fin à toutes les formes d'autosabotage que nous pratiquons répétitivement sur nous-même, sans nous en apercevoir.

Vers une empathie véritable

La difficulté principale, là encore, vient du monde hyposensible, voire insensible, dans lequel nous évoluons. La normalité actuelle est encore le refus de la sensibilité. Cette normalité du cynisme et de la perversion pourrait donner naissance à un monde sans empathie. Selon une étude[3], les adolescents d'aujourd'hui manifestent une empathie 40 % inférieure à celle des adolescents d'il y a trente ans ! Dans le même temps, la sollicitude, ou l'attention bienveillante portée à autrui, a chuté de 58 %. Beaucoup d'adultes sont concernés aussi par cette

3. Sara H. Konrath et *al.*, « Empathy: College Students Don't Have as Much as They Used to », *Science Daily*, 2010.

dégradation profonde. Ce n'est donc pas étonnant que les actes de violence, la cruauté et le harcèlement soient devenus omniprésents. En cause, l'augmentation du stress, l'exposition aux bruits, aux écrans, aux mauvaises nouvelles, la pornographie omniprésente, la surpopulation, la compétition et l'absence des parents, devenus pour la plupart plus égoïstes et moins empathiques, eux aussi. En règle générale, plus l'anxiété augmente, plus l'empathie diminue : la culture du nocebo dans laquelle nous baignons ne favorise donc pas l'empathie, loin de là…

Le plus étonnant est que le sadisme est ignoré. Il existe en chacun de nous une potentialité au sadisme. Il est important de la connaître puis de la reconnaître chaque fois qu'elle se manifeste en nous, pour pouvoir faire un meilleur choix relationnel : un choix respectueux et empathique. En occultant la réalité du sadisme, on laisse les enfants, les adolescents et bien des adultes immatures croire qu'ils peuvent s'autoriser à être cruels dans leurs paroles et leurs actes avec les autres, comme ils le voient d'ailleurs trop souvent dans les séries télévisées, les films et les jeux vidéo, où la torture est devenue le lieu commun de la culture populaire en Occident.

Fake : les prétentions d'empathie

Au sein de certains milieux plus instruits ou mieux informés, l'empathie est survalorisée dans les discours mais ne se manifeste pas pour autant dans les actes. De même que les pratiquants d'une religion peuvent être des Tartuffe, faisant de beaux discours en totale contradiction avec leurs postures réelles et leurs actions, il existe des thérapeutes, des patients en thérapie ou des adeptes du développement personnel – y compris hypersensibles – qui vous serinent avec l'empathie, vous en réclament, mais se trouvent incapables d'en manifester concrètement aux autres, pouvant même se montrer durs, cassants, dévalorisants, moqueurs ou méprisants.

Par ailleurs, le dogme de la pensée positive, très pesant dans les mêmes sphères, produit une forme de désastre compassionnel. En effet, sous prétexte de « positiver », certaines personnes refusent d'entendre vos tristesses, vos déceptions, vos deuils, vos souffrances et vos maladies, obsédées qu'elles sont par leur manie du positif qui les contraint à éradiquer tout ce qui ne va pas dans ce sens. On aboutit à un déni de l'autre, un déni des sentiments, un déni du corps et de l'expérience vécue, un déni de l'humain, qui est une forme masquée de l'insensibilité. Refuser la réalité d'autrui va complètement à l'encontre de la relation et de la bonne santé affective.

Conscience émotionnelle ou affective ?

Enfin, de nombreux collègues et patients me confient leur étonnement, si ce n'est leur agacement, face à une psychologie grand public qui reste fixée sur l'émotivité, alors que l'intuition commune de beaucoup de thérapeutes aujourd'hui est plutôt d'orienter les démarches de croissance humaine ou de développement existentiel vers une énergie vitale plus active et plus globale, qui nourrit le chemin singulier de chacune et chacun vers la régulation créative et l'apaisement joyeux. Charlotte Wils et moi-même avons consacré un ouvrage à cette place fondamentale de notre affectivité au quotidien, dans une optique de développement existentiel relié aux autres, au sein de chacune de nos relations[4].

Se développer humainement ne se réalise pas tout seul dans son coin. L'empathie est une qualité sensible relationnelle. Elle correspond à une *conscience affective*. L'empathie pourrait se définir comme la capacité au cas par cas de se mettre au diapason de l'expérience vécue par l'autre. Elle peut se cultiver. Il

4. *La Charge affective*, Larousse, 2020.

serait vraiment souhaitable d'aider les enfants et les adolescents à le faire, en la valorisant comme compétence humaine fondamentale, au lieu de pousser les jeunes à la compétition en les focalisant seulement sur leurs résultats scolaires.

L'essentiel de la sagesse humaine et de la grande santé mentale repose sur l'accueil de nos *fragilités*, qui favorise leur acceptation graduelle. Il s'agit d'être capable de s'écouter, de tenir compte de soi, puis de l'autre, de prendre soin de soi puis de l'autre. Allant dans ce sens, la sociologue américaine Brené Brown propose de moins se préoccuper de ce que les autres pensent de nous, d'arrêter de vouloir contenter tout le monde, de ne plus chercher à être parfaits. Pour nous aimer, avec toutes nos carences et nos faiblesses, il est essentiel de porter un regard indulgent sur nous-mêmes. Chercher à nous connaître sans être capables d'indulgence nous poussera à nous juger encore davantage, en renforçant notre mal-être.

Très empathique envers autrui, Victoire a pu progressivement développer l'empathie aussi pour elle-même, particulièrement à travers l'indulgence envers ses maladresses : « Je vous remercie pour vos propos honnêtes et bienveillants lors de la dernière séance. Ils m'ont beaucoup aidée à mieux me comprendre. Ma réflexion a mûri dans la journée qui a suivi. J'ai compris que trop de perfectionnisme me nuit, conduit à l'insatisfaction et à des exigences folles, autant pour moi que pour les autres. Je préfère la liberté et la spontanéité à la perfection. »

Voilà un choix qui libère : préférer la liberté et la spontanéité à la perfection ! C'est dans cette qualité de présence à soi-même, en toute simplicité, que nous pouvons vraiment *vivre notre sensibilité comme un trésor.*

Habiter le corps senti

En faisant des recherches sur les thérapies qui réussissent, alors que tant d'autres s'enlisent ou sont inefficaces, le philosophe et psychologue austro-américain Eugene Gendlin a découvert que la réussite d'une démarche thérapeutique ne dépend pas de ce que fait le thérapeute, mais de la façon dont le patient procède avec lui-même[5]. Ainsi, les patients qui se transforment favorablement grâce à leur thérapie font fréquemment des *pauses* !

Ces pauses leur permettent de sentir ce qui se passe dans leur corps au moment où ils parlent, ainsi que de trouver leurs propres mots, les mots justes pour

5. Eugene Gendlin, *Focusing-Oriented Psychotherapy*, The Guilford Press, 2012.

décrire leurs sensations, même les plus vagues ou les plus subtiles. Eugene Gendlin a appelé « Focusing » cette écoute patiente et attentive des sensations accompagnant un récit d'expérience, qui est devenue le fondement d'une forme de thérapie.

Il s'agit d'une pratique de la focalisation sensorielle, par une attention particulière accordée aux « sensations ressenties », qui permet à notre corps de nous guider vers une meilleure connaissance de soi et une guérison plus profonde. Le nom Focusing n'est pas utilisé dans l'idée conventionnelle d'attention focalisée, encore moins de « concentration ». Au contraire, Eugene Gendlin a choisi ce mot comme métaphore pour le processus de reconnaissance de sensations somatiques fines, discrètes ou éphémères, qui peuvent progressivement être mises au point, comme on ajuste un appareil photographique pour transformer une image visuelle floue en objets clairs et reconnaissables. Cela nous permet d'avoir accès à nos perceptions réelles, intactes, sans interprétation et sans jugement.

Le Focusing montre comment mettre en pause une expérience ou son récit ultérieur, grâce à une attention ouverte à ce qui est directement vécu, mais n'a pas pu être explicité verbalement. Notre corps en sait plus sur les situations que nous pouvons le formuler explicitement. Avec un peu d'entraînement, nous arrivons à nous faire une idée corporelle de ces manifestations subtiles ou messages implicites qui surgissent dans n'importe quelle situation. Pas à pas, à partir des sensations corporelles, nous percevons la façon dont nous vivons nos expériences et trouvons naturellement la résolution de nos difficultés : « Dans mon corps, quelque chose me dit comment je vis cette situation. Je m'y attarde de façon ouverte et bienveillante. J'écoute le sens corporel. Je récolte ses informations. Comment ça résonne en moi ? Il n'est pas question d'analyser ou d'interpréter, mais d'accueillir… Je fais confiance à la sagesse de mon corps[6]. »

Lorsque nous cherchons patiemment et honnêtement à mettre en mots ce que nous ressentons, nous nous sentons beaucoup plus présents à nous-mêmes. Quelque chose en nous change. Nous nous détendons, notre corps devient plus énergique car nous libérons de l'énergie affective retenue. Il s'ensuit un sentiment de gratitude ou d'émerveillement. Notre respiration devient naturellement plus ample, plus profonde, nos épaules ou nos mains se relâchent. Ce changement n'est jamais intellectuel : il est perçu

6. Bernadette Lamboy, « Ce qui est essentiel dans le Focusing », IFEF, 8 novembre 2015. Vidéo disponible sur le site *www.ifef.org*.

directement dans le corps. Voilà pourquoi Gendlin l'appelle « changement ressenti ». Notre intuition se renforce. De nouvelles possibilités créatives émergent à partir de ce qui était bloqué[7]. Nous pouvons naturellement déployer notre empathie envers nous-mêmes, puis envers les autres.

Ainsi, durant les séances de thérapie, puis même en dehors, nous n'avons plus peur d'aller visiter nos fragilités et nos douleurs : ce qui est mystérieux, absurde, blessé, honteux, caché, inavoué… Nos conflits, nos déchéances, nos épreuves, nos humiliations, nos jalousies, nos abandons, nos trahisons, etc. Nous pouvons alors vivre un voyage intérieur au cœur de notre sensibilité humaine.

---

7. The International Focusing Institute : *https://focusing.org/felt-sense/what-focusing* (consulté le 22 juillet 2020).

11. Oser s'émerveiller

« Je souffre de voir l'image de l'hypersensibilité réduite à celle d'une petite chose fragile. Étant hyperactif, hyperengagé, je ne m'y reconnaissais pas et c'est la raison pour laquelle j'ai si longtemps été mal à l'aise avec cette notion. Or, cette image est fausse. L'hypersensible n'est pas une petite chose, il est celui qui sait tous les jours s'inventer et réinventer le monde ; découvrir les chemins auxquels les autres sont indifférents, voire hostiles. Nous avons besoin de héros, de hérauts de l'hypersensibilité pour témoigner de la force qu'elle représente. »

Fabrice MIDAL

Pour mes collègues et pour moi, voici une excellente définition de ce qu'est l'ultrasensibilité, faite de sensorialité généreuse, d'émotions rares, de sentiments nobles, d'intelligence sensible, d'empathie nuancée, d'intuition subtile et de créativité audacieuse. À tout cela s'ajoute une qualité indispensable à un bon équilibre global, alliant connaissance de soi, bien-être et épanouissement, qui s'appelle la *proprioception*, c'est-à-dire la capacité à percevoir consciemment ce qui se passe dans son corps. En effet, comme vous le constatez, c'est tout le contraire de la « petite chose »... Aussi, ne nous cachons plus, montrons-nous, exprimons-nous et libérons notre sensibilité !

Ils sont très nombreux, depuis la nuit des temps, les enchantés enchanteurs, ces merveilleux sensibles qui s'inventent et réinventent le monde : rêveurs, poètes, explorateurs, créateurs, aventuriers, et artistes de toutes sortes. Il existe en effet une foule de personnes passionnantes et inspirantes qui peuvent nous servir de repères ou de modèles pour mieux déployer nos talents sensibles. « J'ai toujours observé que cette idée de sensibilité augmentée était très développée chez les artistes et que c'était sans doute un aspect important de leur créativité... », constate la réalisatrice Joëlle van Effenterre[1].

L'important est de réaliser la puissance de notre véritable nature sensible, de nos qualités humaines, de notre génie créateur – même au travers de choses toutes simples – malgré les préjugés dépréciatifs d'une société encore très frileuse, qui répand une vision injuste et réductrice de la sensibilité.

1. Communication personnelle, mars 2020.

N'oubliez pas que votre enthousiasme et votre spontanéité sont difficiles à supporter pour tous les individus qui s'en sont coupés, sous prétexte d'être des adultes sérieux, rationnels, convenables et maîtres de leurs émotions. Alors soyons patients, restons optimistes et cultivons la ferveur inventive qui caractérise les âmes sensibles...

Celles et ceux qui s'émerveillent

J'ai déjà insisté sur la place centrale qu'occupait la sensibilité dans la culture occidentale pendant les siècles d'or, de la Renaissance à la Révolution française. Les siècles suivants, même très différents socialement et du point de vue technologique, restent prodigues en personnalités très sensibles, voire ultrasensibles. Au XIXe siècle, on parle déjà d'hyperesthésie et d'hyperacuité des sens pour désigner un très haut degré de sensation, une sensibilité extrême, et d'ultrasensibilité.

« Ultrasensible désigne de façon positive un degré de sensibilité permettant de saisir les choses avec subtilité. Le préfixe *ultra* indique l'idée du plus haut degré mais sans la nuance péjorative d'excès » précise Marie-France de Palacio[2].

2. Marie-France de Palacio, « Hypersensible ou ultrasensible ? », Observatoire de l'ultrasensibilité, 2016 : *https://ultrasensibles.com/hypersensible-ou-ultrasensible/* (consulté le 2 août 2020).

Baudelaire recourt à cette expression pour caractériser la sensibilité du peintre Delacroix : « Comme la nature perçue par des nerfs ultrasensibles, [la peinture de Delacroix] révèle le surnaturalisme. » Quarante ans plus tard, en 1894, l'écrivain belge Hubert Krains définit les amateurs d'art comme des « natures ultra-sensibles et délicates[3] ».

Pour confirmer par de nombreux exemples à quel point la sensibilité élevée est merveilleuse, autant que source d'enchantement, je continue brièvement ce voyage dans le temps.

Perfectionnisme, sens du détail et émerveillement

L'écriture de Gustave Flaubert est d'une très grande beauté. Elle a les précisions d'une œuvre d'orfèvrerie, comme le prouve l'histoire d'Emma Bovary. On sait à quel point Flaubert était méticuleux, pointilleux, perfectionniste même, comme Alfred Hitchcock, cet autre génie ultrasensible. Si son grand roman lyrique, *Salammbô*, déploie une langue flamboyante, *Un cœur simple* touche autant par l'histoire de Félicité, si sensible et empathique malgré les apparences, que par le choix des mots, qui donne au style de Flaubert sa formidable puissance évocatrice.

3. *Idem*, cité par l'autrice de l'article, tiré de *La Société nouvelle*, 1894, vol. 1, « Chronique littéraire », p. 824.

Élève de Flaubert, Guy de Maupassant est doué d'une immense sensibilité. Jeanne, l'héroïne d'*Une vie*, est l'incarnation de la personne ultrasensible. Ses sens sont constamment en éveil, y compris la nuit. Elle perçoit les moindres nuances et des subtilités qui échappent aux autres. Sa vie intérieure est foisonnante tant son imagination est riche. Aussi enthousiaste que spontanée, elle exprime librement ses sentiments.

D'une lucidité remarquable, souvent sans concession, Marguerite Yourcenar décrit précisément les tourments de l'âme humaine, ses interrogations, ses regrets, ses doutes. Elle qualifiait son style de « continuel tremblement ». Son écriture illustre le traitement en profondeur des situations, qui caractérise les personnes hautement sensibles, cherchant avec soin les mots les plus justes pour traduire leurs ressentis et leurs pensées, par des « efforts de sincérité et d'exactitude » qui montrent la force de leur désir d'authenticité.

Le génie ou l'intelligence de la sensibilité

Marcel Proust est la quintessence de la sensibilité élevée. Toute son œuvre exprime la force de l'intelligence sensible, c'est-à-dire d'une intelligence foisonnante et subtile continuellement tissée de sensibilité. Chez Proust, les espaces et les temps différents se mêlent naturellement, révélant combien la conscience élargie convient aux grands sensibles. Elle est leur océan fondamental. On retrouve cette mer de sensations lumineuses dans la précision infinie qu'apporte Proust aux descriptions de son univers subjectif si singulier, tissant rêves, sensations, sentiments et imaginations à la trame des souvenirs.

Albert Camus est connu pour ses engagements politiques et sa philosophie existentialiste, moins pour la sensorialité de son écriture poétique qui décrit la saturation jusqu'au vertige, en termes quasi photographiques : saturation de la lumière, de la chaleur, des odeurs et des couleurs. Ses *Noces* sont une ode érotique, une ode vibrante à la nature et à la vie, à l'écoute de la « musique du monde » et à la gloire des éléments : terre, ciel, mer, vents, fleurs ; une ode aux plaisirs des sens, qui sont le socle de notre sensibilité. Camus livre ainsi un message de sagesse : c'est en ouvrant notre cœur aux sensations offertes par la nature et par la vie que nous apprenons à respirer vraiment, donc à nous accomplir.

La sensibilité élevée est aussi liée à un vrai goût pour la spiritualité, le mystère, voire le mysticisme… Comme je l'ai déjà précisé, l'ultrasensible est ultra-conscient. De ce fait, les ultrasensibles ont naturellement une proximité avec la mort, donc avec la vie. C'est ce que donnent à penser tous ces auteurs, comme Jean-Marie Le Clézio ou Christian Bobin, dont l'écriture poétique se déleste de tout raisonnement logique pour plonger directement, profondément, dans le monde sensible, qui est aussi le monde béni de l'enfance. On y trouve la même douceur tranquille, la même limpidité naturelle, la même facilité joueuse pour la joie. Cette lenteur légère, ce désordre calme, et cet amour sans entraves...

Et pour vous, de quelle façon votre sensibilité vous aide-t-elle à vous émerveiller ?

L'ultrafantaisie

La découverte la plus récente concernant l'ultrasensibilité va dans le sens de la sensibilité avantageuse[4]. Elle a été mise en évidence par Élise Bouskila, coach spécialisée dans l'accompagnement des personnes hautement sensibles. Il s'agit d'une *capacité à ressentir pleinement dans son corps chaque évocation d'un objet ou d'une situation*, exactement comme si nous étions en train de la vivre en réalité. Un exemple fréquent de ce phénomène, que nous avons décidé ensemble d'appeler « ultrafantaisie », concerne

4. Voir pages 95 et 123.

une piqûre ou une prise de sang. La simple évocation, même indirecte, de l'aiguille entraîne au niveau corporel la sensation correspondante de la piqûre dans la chair ou dans la veine.

Cela explique enfin plus précisément pourquoi les personnes ultrasensibles n'apprécient pas les blagues salaces, sont incommodées par le vocabulaire délibérément scatologique, sont perturbées par les récits détaillés d'accidents ou d'opérations chirurgicales, détestent les films violents et préfèrent ne pas regarder les informations à la télévision ou sur Internet. Pour elles, chaque mot, chaque image, chaque évocation correspond à une réalité qu'elles vivent immédiatement dans leur corps, comme en présence de la chose réelle ou dans la situation correspondante.

Une fois repérée et connue, *l'ultrafantaisie est un immense atout* car elle favorise l'émerveillement, l'enthousiasme, l'empathie, l'intuition, l'imagination et la création, qui sont justement les qualités principales de l'ultrasensibilité. En voici deux exemples convaincants.

Une destinée créatrice

La cheffe gastronomique Anne-Sophie Pic, 51 ans, est un bel exemple de femme contemporaine fabuleusement sensible, ultrafantaisiste et créatrice de merveilleux. Elle se dit guidée par son intuition, puisant sa force dans le regard favorable que portent sur elle ses proches. Elle crée ses compositions gustatives en partant de rêveries intenses, de la trame sensible et émotionnelle de son être, cherchant un chemin au plus profond d'elle-même : « J'essaie d'accepter ces instants où je m'abandonne à des états instables nécessaires à la création. [...] Je capte le maximum d'informations, sans les opposer. Et plus tard, en cuisine, je recherche les fils conducteurs qui relient les choses entre elles. [...] Rêver un plat, c'est entrer dans un état second où, finalement, on maîtrise moins les choses, on accepte d'être dans le flou[5]. »

Cette artiste des saveurs est favorable au développement de notre sensibilité grâce à des sens de plus en plus affinés, à son enrichissement par nos expériences. Pour elle, la sensibilité est une culture, au sens premier, qui nous aide à offrir au monde une existence plus vivante, accueillant les fulgurances qui nous traversent et laissant libre cours à la puissance de notre imaginaire.

5. In *Chemins* n° 4, p. 75-83.

« Des larmes au rire »

La joueuse de tennis Alizé Lim, 29 ans, a une sensibilité exacerbée. Elle se vit comme une éponge qui absorbe les émotions autour d'elle, et fluctue avec elles au gré de l'instant, pouvant passer d'un sentiment à l'autre en quelques secondes. Comme la plupart des personnes ultrasensibles, elle fait l'expérience de nombreuses correspondances sensorielles ou synesthésies[6].

Elle confie « capter le moindre son », ce qui donne lieu à des associations de sensations, d'émotions ou d'idées. Elle « reçoit les informations de son champ de vision, repérant les détails qui changent dans le décor sur les côtés ». Elle sent « les vibrations d'une conversation entre deux personnes dans son champ magnétique ». Tout cela en même temps, « dans une fraction de seconde ». « Il m'est souvent impossible de désactiver cette réceptivité permanente : je ressors épuisée tant j'ai dû mobiliser d'énergie pour tenter d'en faire abstraction. »

Pour la jeune femme, son ultrasensibilité lui permet de vivre dans les extrêmes, du fond des précipices

6. Selon le dictionnaire *Larousse*, une synesthésie est une « expérience subjective dans laquelle des perceptions relevant d'une modalité sensorielle sont accompagnées de sensations relevant d'une autre modalité, en l'absence de stimulation de cette dernière (par exemple, une audition colorée) ».

au sommet des montagnes, de « s'élever pour un tout petit rien », en étant capable de s'émerveiller à chaque instant. « Avoir des frissons ou les larmes aux yeux en regardant les oiseaux danser dans le ciel, se sentir voler avec le sourire à l'écoute d'une mélodie qui transporte. »

Sa sensibilité l'aide à mener une existence « intense et colorée ». Elle la présente comme un sésame, une alliée précieuse et, même, une arme majeure[7]. Voilà de quoi transformer radicalement votre vision de la haute sensibilité, si toutefois elle était encore peu favorable !

Cela me fait penser aussi à l'importance du corps, et surtout des mains, au cœur de l'intelligence sensible. Beaucoup de chercheurs en neurosciences nous encouragent à développer les liens ainsi que l'équilibre entre le cerveau et la main. « Les penseurs font toujours travailler leurs mains. Retrouvons l'intelligence de la main : c'est la voie vers notre imagination, cette part enfouie depuis trop longtemps », martèle à ce propos Satish Kumar[8].

L'ultrafantaisie correspond au traitement sensoriel affectif de l'information ou, pour le dire autrement,

7. *Chemins* n° 4, p. 147-148.
8. Satish Kumar, *Pour une écologie spirituelle,* Belfond, 2018.

à la capacité à vivre sensoriellement les informations reçues, qu'elles soient verbales (entendues et lues) ou non verbales (postures, gestes, intonations, images, mais aussi vibrations et énergies). Elle favorise le rêve, l'imagination, l'inventivité, donc la créativité et l'enchantement. Elle caractérise la sensibilité augmentée des artistes.

Ainsi, la facilité à s'émerveiller aide à mener une vie inspirée et foisonnante, débordante même. Elle favorise le jeu, le ressourcement, le divertissement, autant que l'authenticité et la fraîcheur dans vos relations avec vos proches. Elle est la source d'une existence vécue dans la joie et dans l'amour.

12. Oser s'aimer

« Oser, c'est perdre pied momentanément.
Ne pas oser, c'est se perdre soi-même. »
Søren Kierkegaard

Allez-vous enfin oser vous aimer, âmes sensibles ? Il est temps de vous lancer !

Celles et ceux qui attendent des « solutions » risquent d'attendre indéfiniment.

- Votre sensibilité n'est pas un problème, elle n'est pas et ne sera jamais « le » problème. Il n'y a donc aucune solution à chercher.
- Votre attente de solutions venant des autres est infantile, c'est à vous de trouver *en vous* vos propres ressources et de mettre en œuvre les conditions d'une bonne vie avec votre sensibilité telle qu'elle est.

Pour celles et ceux qui ont peur de leur sensibilité ou peur des réactions des autres et s'empêchent de vivre en étouffant leur originalité, comprenez que vous

vous sacrifiez en vous conformant aux codes d'une société hyposensible, voire hostile à la sensibilité.

Ne commettez plus ces erreurs fatales. Non, votre sensibilité n'est pas un problème et non, ce n'est pas à vous de vous adapter à la société, mais à nous tous, individuellement et ensemble, de déployer nos sensibilités et de transformer la société en profondeur dès maintenant. Ce changement ne tombera pas du ciel !

Revenons à l'amour, qui n'est pas seulement passion amoureuse, loin de là, mais surtout *abondance, générosité, gratitude*. Je suis bien conscient que ces mots font encore peur à la majorité d'entre vous, mais vous avez tout intérêt à vous y habituer et à les intégrer à votre quotidien. Soyez bons, généreux, reconnaissants, compréhensifs et compatissants envers vous-mêmes. Convaincus de l'importance fondamentale de l'amour de soi, une chercheuse et un psychothérapeute américains ont élaboré ensemble une méthode consacrée à l'autocompassion[1].

La tendresse de l'amour vrai

En fait, je ne peux que vous encourager à vous engager à développer le maximum de douceur pour vous-même et pour vos proches. Nous sommes bien

1. Kristin Neff et Christopher Germer, *The Mindfull Self-Compassion Workbook*, Guilford Press, 2018.

trop sévères et trop exigeants avec nous-mêmes. Je voudrais que les journalistes, les auteurs, les coaches et les psys puissent eux aussi faire preuve de plus d'indulgence, de plus de délicatesse, de plus de compréhension bienveillante. Cela nous aiderait toutes et tous à avancer ensemble vers ce monde plus joyeux, lumineux et paisible dans lequel nous, âmes sensibles, souhaitons vivre.

J'entends et je lis beaucoup de propos dévalorisants sur l'ego, le mental, le narcissisme, qu'il faudrait éradiquer. Ce sont des mots creux ; nous ferions mieux de ne plus les utiliser. Ce qui me surprend le plus, c'est cette tendance moralisante à vouloir nous rendre responsables de nos difficultés. Alors que nous en faisons déjà tant, nous devrions faire preuve d'encore plus de discipline et travailler dur pour nous changer. Quelle erreur et quelle violence aussi ! Je pratique la méditation depuis plus de trente-cinq ans, la psychanalyse et différentes psychothérapies également. Je peux vous assurer que je n'ai jamais « travaillé sur moi », heureusement. Je me suis interrogé ; j'ai écouté, exploré, attendu, accueilli, découvert, compris… Je me suis surtout libéré, en me dégageant de blocages profonds, en soignant progressivement mes blessures et en laissant choir des illusions, des croyances invalidantes, des idées fausses ou trop compliquées. J'ai aussi lentement appris à m'aimer. Je n'ai pas eu besoin de faire preuve de discipline, seulement de désirer.

La méditation libre

En méditant régulièrement, j'ai découvert la vacuité, cet espace vide fécond au cœur de mon être, cette chambre du silence vivant où il est possible de venir se poser et se ressourcer à tout moment, même dans les plus grandes tempêtes, même au cœur des déserts arides du doute. J'ai appris à me rassembler en habitant mon corps, en écoutant ma respiration libre, complètement libre, qui va-et-vient comme elle l'entend, dans sa grande sagesse, sans que j'aie à intervenir pour lui dicter quoi que ce soit. Voilà la grande école du souffle… J'ai pratiqué la posture qui empêche l'imposture, cette verticalité du corps qui aide à ne pas se mentir, à ne pas tricher avec la vie. J'ai goûté ces mystères qui balayent toutes nos certitudes pour laisser la place à l'inspiration du moment, dans l'acceptation de l'impermanence. À contre-courant de la compétition ambiante, j'ai accepté de désinvestir, de lâcher, de perdre, de me détacher et de sourire.

La méditation libre correspond à cette humilité joyeuse devant la vie, que Roger Vittoz résumait si bien en nous révélant que « la volonté n'est pas un effort mais un essor ».

Exister et devenir humain est à l'opposé d'un travail. Alors, vivons, jouons, chantons, dansons ! Évoluer, s'épanouir et grandir en sagesse demande beaucoup de temps, beaucoup d'amour, beaucoup de douceur et d'indulgence, beaucoup de tendresse réelle. Accordons-nous tout cela généreusement…

Dix clés pour bien vivre sa sensibilité

Pour déployer votre puissance sensible, voici les actions à mettre en pratique.

1. « Ma sensibilité est un trésor »

Le plus beau cadeau que vous puissiez vous offrir est de considérer votre sensibilité comme un bienfait, un potentiel et un atout.

2. « Je me libère des effets nocebo »

Je laisse tomber les jugements sur moi-même et sur mes ressentis. Je ne suis pas « trop sensible », je suis merveilleusement sensible. Ma sensibilité est le signe de mon humanité.

3. « Chaque émotion est un cadeau »

Je vis mes émotions, quelles qu'elles soient, je prends le temps de les accueillir, de les écouter, d'accepter le message qu'elles m'offrent et de les remercier.

4. « Je pense par moi-même »

La recherche et l'expérience nous apprennent que rien n'est définitif. Je m'appuie sur *mes propres observations* pour développer ma puissance personnelle.

5. « Je change de croyances pour changer de vie »

Je prends conscience de la puissance qui sommeille en moi, j'utilise ce pouvoir réel pour créer une existence qui réponde à mes aspirations et à mes désirs.

6. « Je m'occupe bien de moi »

Je pense à moi, je m'écoute, je me respecte, je me protège, je m'accorde du temps, je m'émerveille, je choisis de vrais amis, je prends soin de mon corps et de ma santé.

7. « Je m'aime au jour le jour »

Je ressens beaucoup d'empathie pour moi-même. Je m'accepte comme je suis. Je sens de l'amour pour moi de façon palpable. Je me témoigne tendresse et gratitude.

8. « Je m'unis avec d'autres âmes sensibles »

Nous ne sommes pas seuls. Nous sommes même très nombreux à être hautement sensibles. Nous pouvons nous unir pour découvrir, comprendre, réfléchir, prévoir et agir ensemble.

9. « Je fais évoluer la loi »

Lançons une pétition pour obtenir la reconnaissance pénale de la dévalorisation de la sensibilité et des moqueries contre les personnes sensibles comme une forme réelle de harcèlement moral.

10. « Je change les mentalités »

Contribuons à donner les bonnes informations sur la sensibilité élevée. Réhabilitons la sensibilité, dès le plus jeune âge, sous toutes ses formes, dans son immense variété.

Pour vous aider concrètement

Avant de clore cette lettre que je vous écris pour que vous puissiez vivre au mieux votre merveilleuse sensibilité, je vous propose quelques « exercices ». Plus vous les réaliserez régulièrement, plus ils porteront leurs fruits ! Une fois qu'ils seront intégrés à vos habitudes quotidiennes, vous pourrez les faire évoluer pour qu'ils correspondent au mieux à vos besoins du moment, et en inventer d'autres…

La respiration libre

Nous avons pris l'habitude d'inspirer plus que d'expirer. Cet automatisme se renforce lorsque nous sommes fatigués, contrariés, irrités, déprimés, choqués, stressé, etc. Il peut être accompagné de moments pendant lesquels nous avons le souffle coupé.

Il est vital de *souffler*, de rééquilibrer notre respiration, pour se détendre, calmer le jeu et retrouver notre puissance vitale.

– J'éteins mon téléphone portable et je choisis un endroit vraiment calme.

– Je m'installe confortablement, assis(e) dans un fauteuil, allongé(e) sur un lit ou dans une position de méditation.

– Je ferme les yeux. Je sens les points de contact de mon corps avec le support. Je perçois le volume de mon corps dans le volume de la pièce. Je sens l'espace autour de moi.

– J'observe ma respiration, comme elle est, sans intervenir.

– Je vide complètement mes poumons en expirant lentement jusqu'au bout.

– Lorsqu'il n'y a plus d'air, j'ouvre la bouche et laisse entrer de l'air nouveau.

– Je répète plusieurs fois cette séquence jusqu'à ce que je me sente bien.

– Je ne fais plus rien. Je laisse ma respiration retrouver son rythme naturel.

– J'observe les va-et-vient du souffle dans tout mon corps.

– Je peux m'accorder un moment de repos pour intégrer les bienfaits de cet exercice.

– Je prends le temps de me relever sans me précipiter.

– Je retrouve mes activités en continuant à rester calme et à bien respirer.

Lorsque cet exercice sera devenu familier, vous pourrez le pratiquer partout.

Le voyage dans le corps

Cette pratique est un des exercices fondamentaux de la méthode Vittoz. On la retrouve aussi dans la méditation de pleine conscience sous le nom de « scan corporel ».

– Je choisis un endroit calme. Je m'allonge ou m'assieds confortablement.

– Je ferme les yeux. J'observe ma respiration comme elle est, là, maintenant.

– J'oriente tranquillement mon attention vers mes pieds, d'un côté comme de l'autre. Je prends le temps de sentir chaque pied. Je remonte lentement vers les chevilles, les mollets, les genoux, les cuisses, puis les fesses, d'un côté comme de l'autre.

– Je me donne le temps de sentir chaque partie de mon corps avant de passer à une autre.

– J'observe le va-et-vient de ma respiration. Je sens mon bassin, mon ventre, mon diaphragme et mes côtes qui bougent avec ma respiration. Je sens tout mon dos en remontant du bas vers le haut, vertèbre après vertèbre.

– Je porte mon attention sur mes flancs, d'un côté puis de l'autre. Je sens mes épaules, mes bras, mes coudes, mes avant-bras, mes poignets, mes mains, puis mes doigts, de chaque côté.

– J'observe ma respiration. Je sens mon cou, ma nuque, mes lèvres, ma langue, mon nez, mes yeux, puis mes oreilles, d'un côté comme de l'autre. Je porte une attention douce et légère sur mon front puis mon crâne et mon cuir chevelu.

– À chaque étape, si je perçois une tension, je prends le temps de la relâcher.

– Une fois le voyage terminé, j'observe ma respiration. A-t-elle évolué ?

– Je reste allongé(e) ou assis(e) un moment, les yeux fermés pour savourer ma détente.

– Je m'étire, je souffle, je bâille, je bouge un peu mes pieds et mes mains.

– J'ouvre les yeux. Je regarde ce qui m'entoure, puis je me lève doucement.

Lorsqu'on le connaît bien, on peut pratiquer le voyage dans le corps n'importe où, pour faire une pause de relaxation et de recentrage qui nous ressource profondément.

Chaleur et autocontact

Le stress au quotidien nous pousse à quitter le contact vital que nous avons avec nous-même. Pour retrouver une bonne relation avec notre présence réelle à travers notre corps, voici quelques gestes faciles à pratiquer quand bon nous semble.

– Je m'assieds sur une chaise, de préférence dans un endroit calme et bien aéré.

– Je laisse mes paupières se fermer.

– Je prends conscience des zones de contact de mon corps sur la chaise et de mes pieds au sol.

– J'écoute ma respiration, sans me juger, sans intervenir.

– Je frotte mes mains l'une contre l'autre jusqu'à obtenir une chaleur agréable et une sensation de circulation de l'énergie.

– Je pose mes mains sur mes yeux. Je sens la chaleur de mes mains entrer doucement dans ma peau, mes paupières et jusque dans mes yeux qui se détendent.

– Je frotte de nouveau mes mains, puis je les pose sur mon ventre. Je suis attentif(ve) aux sensations sous mes mains qui touchent mon ventre et qui sont touchées par lui.

– Je frotte mes mains puis je les pose sur mon plexus solaire. J'écoute ce qui se passe en moi.

– Je fais de même en posant mes mains sur ma poitrine, ma gorge, puis mes oreilles. À chaque fois, j'accueille les sensations qui se présentent.

– Je remercie mes mains pour la chaleur, l'énergie et l'apaisement qu'elles m'apportent.

– J'ouvre délicatement les yeux. Je regarde autour de moi. Je m'étire doucement.

– Je souris et savoure mon bien-être.

– Je me lève tranquillement.

Ces gestes tendres envers nous-mêmes sont fondamentaux. Ils nous aident à développer l'amour et la compassion à notre égard, ainsi qu'un meilleur accueil de notre sensibilité.

Une méditation pour développer ma puissance sensible

– Je suis ici, dans cette pièce, dans ce corps, dans cette respiration, dans cette vie.

– Je suis connecté(e) à la conscience qui court entre tous les êtres, tout en vivant une expérience unique, subjective.

– Ce qui me rend sensible à cette vie, tout ce qui me rend rare et tendre, est un pouvoir magnifique.

– J'utilise mes sens pour me guider, me réconforter, créer, communiquer.

– Bien que je me sente parfois dépassé(e), je me sens disponible, réceptif(ve), grandi(e) et empuissancé(e) par la réceptivité, cette capacité à recevoir la vie. Grandi(e), guidé(e) et puissant(e) pour faire face au jour qui vient.

– Je plante mes pieds dans la terre, connecté(e) au flux d'énergie de la vie qui traverse mon corps.

– J'accepte qui je suis. J'incarne la meilleure version authentique de moi-même.

– Je ne laisse pas les autres tirer profit de ma vulnérabilité.

– Je ne serai pas victime des énergies de mon environnement, car je reste centré(e) à l'intérieur de moi.

– J'évite tout ce qui me diminue ou me blesse. Je suis créateur(trice) de ma vie.

– Je me donne le temps de vivre chaque émotion.

– Je suis puissant(e).

– Je suis bienveillant(e), quoi qu'il arrive, quoi que je reçoive en retour.

– Je connais mes difficultés, mes souffrances, mes révoltes. Je choisis d'en prendre soin à travers ma créativité.

– Je ne m'expose plus inutilement.

– Je ne laisserai pas ma douceur être endurcie par le monde.

– Je suis sur mon chemin. Je marche dans ma lumière.

– Je sais ralentir et me reposer lorsque je sens que c'est nécessaire.

– Je m'aime, je suis doux(ce) et gentil(le) avec moi, remplissant profondément mon être de cette bonté.

– Je suis fier(e) de ma sensibilité, qui m'aligne, me nourrit et m'aide à discerner mes besoins les plus profonds.

– J'accueille mes émotions, j'écoute mes sensations, j'honore mes intuitions.

– Je peux penser, agir, m'affirmer.

– Je choisis le sourire comme signe de reconnaissance de toutes les âmes sensibles.

– Je laisse aller mon corps au mouvement, dansant dans la liberté, dans un moment de joie.

– Nous sommes plus forts, ensemble, nous ne sommes jamais seuls[2].

2. Inspirée d'une méditation matinale proposée par l'artiste sud-africaine Sez Kristiansen.

Épilogue

Vers une révolution sensible

> *« Depuis que j'ai trouvé en moi la force tranquille*
> *de formuler l'indicible, une grande légèreté*
> *m'a envahie, une joie claire [...], l'abdication*
> *de tout jugement. Tout dépasse notre raison. Tout. »*
> Christiane SINGER, *Une passion*

La sensibilité est le propre de l'être humain, son trésor le plus précieux. On ne peut pas reprocher à un humain d'être trop sensible. Notre vraie mission est de connaître notre sensibilité, de la célébrer, la développer, la déployer, la mettre au service de notre existence, des autres et de la nature. Une âme sensible est une personne qui a du cœur, capable de sentiments, de compassion, de générosité : c'est notre vraie noblesse.

Au terme de cette lettre que je vous adresse, j'espère que vous êtes maintenant convaincu que la sensibilité va changer le monde. Si vous connaissez les écrits d'Alban Bourdy, Carol Pirotte, Charlotte Wills et tant d'autres ultrasensibles, vous avez compris que nous, âmes sensibles, sommes en train de créer ensemble une nouvelle façon d'être, de vivre, d'aimer, de coopérer, de communiquer. Notre *sensibilité augmentée* est une qualité essentielle et une valeur au sein du monde qui se dessine, au travers des métiers dont nous avons le plus besoin, car nous sommes empathiques, intuitifs, créatifs ; mais aussi au niveau de l'écologie et d'une nouvelle façon de pratiquer la politique, car nous sommes à la fois plus engagés tout en étant non violents, non dualistes, et plus proches de la nature…

Dans les pays anglo-saxons, les individus hautement sensibles sont parfois appelés *light workers*, ce qui veut dire « artisans de lumière ». Je connais beaucoup de personnes ultrasensibles qui désirent ardemment être des artisans de lumière pour faire naître un monde nouveau. Il s'agit d'une utopie juste, aussi réaliste que réalisable.

En pratique, cela peut aller très vite car la sensibilité est l'essence de la nature humaine. Il suffit de la respecter, de l'écouter et de la valoriser. Il suffit de laisser chaque être humain exprimer sa sensibilité sans la censurer. C'est extrêmement simple et facile à mettre en œuvre, cela ne demande aucun effort particulier. Au contraire, les gros efforts exigés par l'éducation et la société imposent de faire taire ou d'étouffer notre sensibilité : ces efforts-là sont épuisants, contre-productifs et douloureux. Ainsi, le choix est simple : laissons-nous vivre en paix, tels que nous sommes, car la sensibilité est notre inclinaison naturelle, notre nature profonde.

Alors, ensemble, choisissons cette voie du retour à soi, en profondeur, avec amour. Oui, la sensibilité élevée est la prochaine étape de l'évolution humaine. Il ne peut pas en être autrement. Les crises sociales, économiques, politiques et sanitaires ne font que prouver l'importance et l'urgence de changer de modèle de civilisation. Voilà pourquoi je parle de *révolution sensible* : la prochaine civilisation sera celle du cœur ou ne sera pas.

Il est grand temps de vivre en accord avec notre sensibilité. Que ce soit en dansant, en chantant, en travaillant, en créant, en jouant, en aimant, ne manquons aucune occasion pour transfigurer ce monde et le rendre plus beau, plus accueillant et plus humain !

Index

E

F

G

H

I

J

K

L

M

N

O

P

R

S

T

U

V

Bibliographie

ARON Elaine, *The Highly Sensitive Person*, Citadel Press, (1996) 2013.

ARON Elaine, *The Highly Sensitive Child*, Harmony, 2002.

BELSKY Jay, PLUESS Michael (2013). « Beyond Risk, Resilience, and Dysregulation: Phenotypic Plasticity and Human Development », *Development and Psychopathology* vol. 25, (4 Part 2) 1243-1261.

BONNAUD Delphine, *Intestin et Psychisme*, Éditions biodynamiques, 2019.

BORIS Neil W., FUEYO Michael, ZEANAH Charles H., « The Clinical Assessment of Attachment in Children Under Five », *Journal of the American Academy of Child and Adolescent Psychiatry*, 36, n° 2, 1997, p. 291-293.

BOURDY Alban, *Espèce de surdoué*, Dédicaces, 2018.

BOURDY Alban, *Lettres à un jeune zèbre*, Rosso, 2019.

BOURDY Alban, LEVASSEUR Marjorie, *Le Trésor de l'ultrasensibilité*, Kiwi, 2021.

BOYCE W. Thomas, *L'orchidée et le Pissenlit*, Michel Lafon, 2020.

CASTELAIN-MEUNIER Christine, *Les Hommes aussi viennent de Vénus*, Larousse, 2019.

CHEKROUD Sammi R. *et al.*, « Association Between Physical Exercise and Mental Health in 12 Million Individuals in the USA Between 2011 and 2015. A Cross-sectional Study », *The Lancet Psychiatry*, 2018.

DE VILLIERS Bernadette, LIONETTI Francesca, PLUESS Michael (2018). « Vantage Sensitivity: A Framework for Individual Differences in Response to Psychological Intervention », *Social Psychiatry and Psychiatric Epidemiology.*

DOBELLI Rolf, *Stop Reading the News. A Manifesto for a Happier, Calmer and Wiser Life*, Sceptre, 2020.

DORIDOT Jean, *Le Bonheur est une science exacte*, Larousse, 2019, p. 15.

ENDERS Giulia, *Le Charme discret de l'intestin*, Actes Sud, 2018.

EVANS Dylan, PLACEBO, *Mind Over Matter in Modern Medicine*, Oxford University Press, 2004.

GAZALÉ Olivia, *Le Mythe de la virilité*, Robert Laffont, 2017.

GENDLIN Eugene, *Focusing*, Bantan, 1982.

GENDLIN Eugene, *Focusing-Oriented Psychotherapy*, The Guilford Press, 2012.

GIGON Franck, *La Méthode flexitarienne. Le régime 100 % santé*, First, 2013.

HANSON Rick, « Confronting the Negativity Bias », *Psychology Today*, 5 sept. 2017.

HOWICK Jérémy (2017), *Docteur Vous : les bases scientifiques de l'autoguérison*, Éditions de l'homme, 2019.

KONRATH Sara H. *et al.*, « Empathy: College Students Don't Have as Much as They Used to », *Science Daily*, 2010.

KRETSCHMER Ernst, *Der Sensitive Beziehungswahn. Ein Beitrag zur Paranoiafrage und zur Psychiatrischen Charakterlehre*, Springer, 1918.

KUMAR Satish, *Pour une écologie spirituelle*, Belfond, 2018.

LIONETTI Francesca, PLUESS Michael, BARONE Lavinia (2014). « Vulnerability, Resilience or Differential Susceptibility ? Comparing Models on Individual-Environment Interaction », *Psicologia Clinica dello Sviluppo* vol. 18, (2) 163-182.

LIONETTI Francesca, ARON Arthur, ARON Elaine N., BURNS G. Leonard, JAGIELLOWICZ Jadzia et PLUESS Michael (2018). « Dandelions, Tulips and Orchids: Evidence for the Existence of Low-sensitive, Medium-sensitive and High-sensitive Individuals », *Translational Psychiatry*, 8 (1). doi: 10.1038/s41398-017-0090-6.

LIPTON Bruce H., *The Honeymoon Effect: The Science of Creating Heaven on Earth*, Hay House, 2014.

LIPTON Bruce H., *The Biology of Belief – Unleashing the Power of Consciousness*, Hay House, (2005) 2015.

NEFF Kristin et GERMER Christopher, *The Mindfull Self-Compassion Workbook*, Guilford Press, 2018.

NIELSEN Jared A., ZIELINSKI Brandon A., FERGUSON Michael A., LAINHART Janet E., ANDERSON Jeffrey S., « An Evaluation of the Left-Brain vs. Right-Brain Hypothesis with Resting State Functional Connectivity Magnetic Resonance Imaging », *Plos One*, 2013 : doi.org/10.1371/journal.pone.0071275.

NYS Pierre, *Plus jamais mal au ventre avec le régime sans Fodmaps*, Leduc, 2015.

PALACIO Marie-France DE, « Hypersensible ou ultrasensible ? », Observatoire de l'ultrasensibilité, 2016 : *https://ultrasensibles.com/hypersensible-ou-ultrasensible/* (consulté le 2 août 2020).

PALACIO Marie-France DE, *Ta sensibilité te tuera*, Max Millo, 2016.

PALACIO Marie-France DE, *Hypersensibilité et conscience élargie*, Bussière, 2017.

PALACIO Marie-France DE, « Grand entretien », *Chemins*, n° 4, juin 2020.

PAULIN Dominique, « Modigliani, la tuberculose et le génie créateur », article à paraître.

PIROTTE Carol, *Êtes-vous ultrasensible ?*, Leduc, 2019.

PIROTTE Carol, TOMASELLA Saverio, *Tu ne le sais peut-être pas mais tu as un don*, Eyrolles, 2019.

PIROTTE Carol, SOUCHAL Nicolas, *C'est trop fort !*, Leduc, 2021.

PLUESS Michael, BELSKY Jay, « Vantage Sensitivity: Individual Differences in Response to Positive Experiences », *Psychological Bulletin*, 2013, vol. 139, n° 4, 901-916.

PLUESS Michael (2015). « Individual Differences in Environmental Sensitivity », *Child Development Perspectives.*

POIVILLIERS Clotilde, *Zèbre zen*, Eyrolles, 2020.

POLLAK Seth D. *et al.*, « Recognizing Emotion in Faces: Developmental Effects of Child Abuse and

Neglect », *Developmental Psychology*, 36, n° 5, 2000, p. 679.

RANKIN Lissa, « The Nocebo effect: Negative Thoughts Can Harm Your Health », *Psychology Today*, 6 août 2013.

RENAUD Vincent, *Candida albicas. Le reconnaître. Les solutions naturelles pour le vaincre*, Alpen, 2017.

SAMUEL-LAJEUNESSE Bertrand, MIRABEL-SARRON Christine, VERA Luis, MEHRAN Firouzeh *et al.*, *Manuel de thérapie comportementale et cognitive*, Dunod, 1998.

SENK Pascale, « La force des hypersensibles », *Le Figaro*, 18 avril 2010.

TOMASELLA Saverio, *Hypersensibles, trop sensibles pour être heureux ?*, Eyrolles, 2012.

TOMASELLA Saverio, *Attention cœurs fragiles, les hypersensibles et l'amour*, Eyrolles, 2018.

TOMASELLA Saverio, *Ultrasensibles au travail*, Eyrolles, 2019.

TOMASELLA Saverio, WILS Charlotte, *La Charge affective*, Larousse, 2020.

TOMASELLA Saverio, *Se libérer du complexe de Cendrillon*, Eyrolles, 2020.

TOMASELLA Saverio, WILS Charlotte, *Faire la paix avec sa famille*, Larousse, 2020.

TOMASELLA Saverio, VITALY Cédric, *L'Hypersensibilité pour les nuls*, First, 2020.

TINOCO Carlos, « Hypersensible, une étiquette simpliste et mortifère », *Chemins*, n° 4, juin 2020.

VANEIGEM Raoul, *Pour l'abolition de la société marchande, pour une société vivante*, Rivages, 2004.

WILS Charlotte, *Itinéraire d'une ultrasensible*, Leduc, 2019.

Table des matières

Partie 2. Quand tout bascule

Partie 3. Pourquoi la sensibilité va changer le monde

Composition et mise en pages
Nord Compo à Villeneuve-d'Ascq

PAPIER À BASE DE
FIBRES CERTIFIÉES

LAROUSSE s'engage pour
l'environnement en réduisant
l'empreinte carbone de ses livres.
Celle de cet exemplaire est de :
700 g éq. CO_2
Rendez-vous sur
www.larousse-durable.fr

Achevé d'imprimer en Italie
Par Grafica Veneta SPA
Dépôt légal : mars 2021
324458/02 – 11048815 – octobre 2021